## DER AUTOR

**Joseph von Hazzi** (1768–1845), Sohn eines Maurermeisters aus Abensberg, studierte in München und Ingolstadt Philosophie und Rechtswissenschaften. Ab 1793 arbeitete er als Verwaltungsbeamter im Herzogtum und dann Königreich Bayern und wurde für seine Arbeit 1816 geadelt. Er arbeitete versessen an aufklärerischen Reformen, besonders im Gebiet der Landwirtschaft, und schrieb unermüdlich. Seine *Statistischen Aufschlüsse* erschienen von 1801 bis 1808.

## DER HERAUSGEBER

**Tobias Roth** (*1985), lebt als Autor, Übersetzer und Herausgeber in München. Für seine Arbeit wurde er u. a. mit dem Bayerischen Kunstförderpreis (2015) ausgezeichnet. Zuletzt erschien im Herbst 2018 u. a. das Epyllion zur Münchner Räterepublik *Die Erfindung des Rußn* (Aphaia Verlag München, mit Daniel Bayerstorfer). Im *homunculus verlag* erschien von ihm zuletzt 2016 die *Bayerische Biergartenordnung*, eine gemeinsam mit Julius David Walther verfasste literarische Tischdecke für Biergartengarnituren.

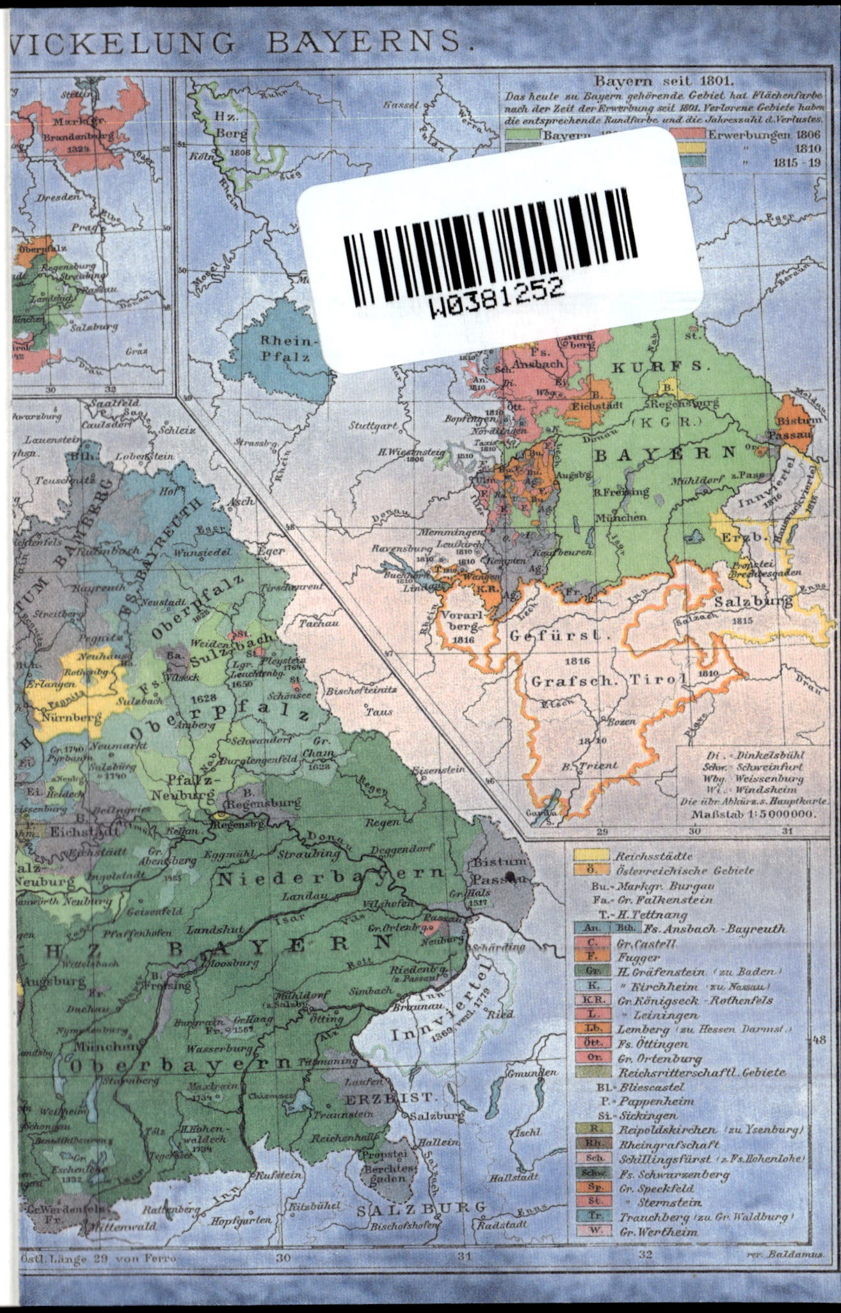

Joseph von Hazzi

# Realien aus der guten alten Zeit

## Alltag und Elend im Herzogtum Bayern

Herausgegeben und bevorwortet
von Tobias Roth

homunculus
verlag

# INHALTSVERZEICHNIS

# VORWORT DES HERAUSGEBERS

> Sowohl für den Naturforscher als Politiker gibt es in dieser Gegend überall wichtige Standpunkte. Schade, dass sie ein großes natürliches und politisches Chaos ist!
>
> *Joseph von Hazzi*

In den milden Farben kolorierter Kupferstiche, in dem maßvollen, aufgeräumten Realismus von Canalettos (*1722) Münchenpanorama – wie stellen wir uns die Welt, wie Bayern um 1800 vor? Herren in komplizierten Halsbedeckungen, Kniebundhosen, Gehröcken, die im Landauer oder in der Kalesche fahren und plaudern, Wilhelm Meister und Wolfgang Mozart reisen aneinander vorbei, werden durch die Romane, durch die Künstler- und Kaiserbiografien kutschiert, zwischen Feingeist und Klassik, barocker Pracht und arbeitender Guillotine, nebst Napoleon. *Bayern* ist, wie meist, kein Hauptdarsteller der Epoche. Dennoch kann man es sich ausmalen wie die meisten Gegenden Mitteleuropas auch, nämlich geprägt von Landwirtschaft und unberührter (!) Natur, ohne nennenswerte Industrie und ohne jene Industriestädte, in denen ohne Unterlass das

Feuer die Räder treibt. Ein Panorama mit recht wenigen Menschen, die Welt unvorstellbar dünn besiedelt. Das Herzogtum Bayern (ein kleineres Territorium als der heutige Freistaat) hat im letzten Viertel des 18. Jahrhunderts weniger Einwohner als die Stadt München heute; die Bevölkerungszahl sinkt zudem.

Um 1800 aber beginnt sich langsam Veränderung anzubahnen. Europa gerät in Bewegung, die Welt verschiebt sich, wird dynamisch. Etwa: Die französische Revolutionsarmee liefert sich 1796 mit den Österreichern ein Artillerieduell über die Dächer Münchens hinweg, fast zwei Wochen lang, und die Sache richten muss ein Bauernsohn aus Massachusetts, Benjamin Thompson (*1753). Thompson ist seit 1788 im Dienst des Bayerischen Kurfürsten, wird von diesem 1790 zum Reichsgrafen von Rumford erhoben, er ist ein Erfinder und Denker, der den Münchnern unter anderem beibringen wird, was Wärmedämmung, Armenfürsorge und (englische) Gärten sind.

Benjamin Thompson, Reichsgraf von Rumford

Etwas Klassik freilich hat auch Bayern vorzuweisen in dieser Zeit, teilweise sogar einheimische. Das Gebiet der Wittelsbacher ist kurz davor, starke Landgewinne zu verzeichnen und von Napoleon in den Rang eines Königreichs erhoben zu werden. Der am 1. Januar 1806 vom Herzog zum König gemachte Max (*1756) und sein Minister Montgelas (*1759) wirken, wie es so schön heißt, segensreich, sie bringen gute Reformen, geben gerechte Gesetze, fördern die Wissenschaften und die Künste, erbarmen sich der Schwachen, sie suchen dem Volk Fähigkeiten und Kenntnisse aller Art angedeihen zu lassen. Die Wissenschaften von der Natur und die Techniken ihrer Bewältigung, Bemeisterung und Verwertung machen unerhörte Fortschritte. In Bayern wirken und arbeiten naturwissenschaftlich-industrielle Kaliber wie Fraunhofer (*1787) und Ohm (*1789), nach denen noch heute berühmte Institute und Einheiten benannt sind. Minister Montgelas legt 1808 eine Art Verfassung vor, die eine ständeunabhängige Vertretung des Volkes fordert, aber wie langwierig und stets fragil eine gediegene Demokratie im Leben, und nicht nur auf dem Papier ist, wissen wir. Diese Herren in komplizierten Halsbedeckungen, Kniebundhosen, Gehröcken sind Vorreiter und Sprachrohre einer gesellschaftlichen Bewegung, deren geforderte Umwälzung teilweise heute noch nicht flächendeckend Normalität ist. Wie aber sieht die damalige Welt des Alltäglichen aus, in der die ein oder andere Ausnahmegestalt, für die wir uns heute noch interessieren, lebt und sich bewegt? Wen betreffen die Reformen von Max und Montgelas als Erstes, unmittelbar? Wer räumt den Schutt weg, als 1801 das Haus von Fraunhofers Spiegelschleifermeister einstürzt? Welcher Zivilist kostet als einer der Ersten die lebensrettenden Suppen des Grafen Rumford aus Massachusetts? Wie sieht es auf dem platten Land aus, wo keine Gazetten gedruckt und keine Opern aufgeführt werden?

Rumford'sche Suppe

Die Frage dieses Buches ist, wie es sich im Zeitalter der Aufklärung so lebt. Wie die Bevölkerung, die Leute leben; denn wenn man von »kleinen« oder »einfachen«

Leuten spricht, meint man eigentlich *alle* Leute, bis auf die verschwindende Minderheit der adeligen und purpurbestrumpften Cretins, der Herrschaft. Zwar ist Bayern damals so bevölkerungsstark wie München heute, aber auch schon damals besteht Bayern nicht aus München; Residenz ist Residenz, und unter den Fenstern einer Residenz verläuft gar selten die Gasse mit den Gerbereien. Wie also lebt es sich vor gut zweihundert Jahren? Darüber hinblickend lassen sich etwa Ziffern wie Sterblichkeitsrate oder Lebenserwartung nennen, aber was bedeuten sie? Was heißt bevölkerungsstark, bevölkerungsschwach? Fruchtbarkeit und Sterblichkeit prägen das Leben in unvergleichlich prompter Form, das versteht sich. Je mehr Menschen in jungen Jahren sterben, desto mehr müssen geboren werden, damit sich der Landstrich nicht entvölkert: Das ist ein Vorgang des Lebens, und erst danach eine Rechnerei.

Wo ist der Alltag?

Aber ich möchte nun nicht Statistik und Zahl ausspielen gegen die Unmittelbarkeiten des Lebens, des Erlebnisses, der Tatsache in individueller Biografie. Die Statistik mag uns manchen wichtigen Aufschluss nicht geben, aber der Statistiker kann es. Der Statistiker, der seine Daten selbst erhebt und dann zu sprechen, zu erzählen beginnt, das ist ein verlässlicher Zeuge. Er vereint die Interesselosigkeit der Statistik mit der Menschlichkeit des Menschen, der zu sprechen beginnt. Er steht vor Ort und zählt und schreibt auf: Einnahmen, Ausgaben, Viecher, Häuser, Menschen. Klöster, Schmiede, Wirte, Schuster, Brücken, Blitzableiter. Alles. Ein Wald aus Zahlen.

Statistik und Statistiker

Es gibt Statistiker, die nicht nur aufzählen, sondern die auch zu sprechen, zu erzählen beginnen – mit der gleichen Sachlichkeit und Genauigkeit, obwohl es um Qualitäten geht, nicht mehr um Quantitäten. Hier kann der Statistiker auch weit weniger fehlen als im Bereich der Zahlen; ganz entgegen des allgemeinen Vorurteils, Zahlen seien genauer als Worte. Dazu gehört nicht Anstand, sondern Aufrichtigkeit: die Wahrheit, die ganze Wahrheit und nichts als die Wahrheit. Ohne sie kann mit Fähigkeiten und Kenntnissen aller Art niemand etwas anfangen.

◊

Das Werk

Das Werk *Statistische Aufschlüsse über das Herzogthum Baiern* ist ein solches Zeugnis, das zu erzählen beginnt. Über 4000 Seiten lang sind die *Statistischen Aufschlüsse*, vier in neun Bänden, es sind die ersten systematischen, umfassenden Beschreibungen und Erhebungen dieser Art in und über Bayern. Die 4000 Seiten sind gefüllt mit einem Wald aus Zahlen und Tabellen, teilweise riesige Blätter zum Ausklappen, Zahlenkolumne an Zahlenkolumne.

Gliederung des Werks und Gliederung des Landes

Gegliedert sind Land und Buch in *Gerichte*, eine Untereinheit der Justiz und Verwaltung, die ab dem späten Mittelalter von den Wittelsbachern eingeführt wurde; eine Verwaltungseinheit darüber stehen die vier *Rentämter* München, Burghausen, Straubing und Landshut, die in den *Statistischen Aufschlüssen* behandelt werden; diese vier Rentämter entsprechen in etwa, ganz grob gesagt, den heutigen Regierungsbezirken

Ausdehnung Bayerns

Ober- und Niederbayern. Das Rentamt Amberg, also die Oberpfalz, die erst im Westfälischen Frieden 1648 zu Bayern kam, fehlt, so auch kirchliche Herrschaften wie die Fürstbistümer Freising, Eichstätt oder Passau; Franken und Schwaben kommen erst Anfang des 19. Jahrhunderts, in den ersten Jahren des Königreichs und durch die Grenzverschiebungen im Gefolge Napoleons, zu Bayern. Die Rentämter als Verwaltungseinheiten stehen zudem kurz vor dem Aus, 1802 werden sie von Minister Montgelas in bloße Finanzbehörden umgewandelt. Die *Statistischen Aufschlüsse* beschreiben also eine politische Situation auf der Schwelle: Der Zustand des Landes, das nun von einer neuen Regierung und Regierungsform gepflegt und kultiviert werden soll. Fast könnte man sagen: ein Übergabeprotokoll.

Das sind die Koordinaten dieser statistischen Welt: Rentamt und Gericht, in den Gerichten wiederum Ortschaften, Weiler, Einöden, und Zeilen und Spalten, Kolumnen und Zahlen. Die Masse der Daten und Notate ist überwältigend. Eine beliebige Seite aus dem ersten Band:[1]

1 Man beachte den wundervollen und ordentlich hohen Rechnungsposten »Zufällige Einnahmen«. Wo sind meine zufälligen Einnahmen?

| Einnahm. | fl. | kr. | pf. | Ausgab. | fl. | kr. | pf. |
|---|---|---|---|---|---|---|---|
| Schutzgeld. *) | 208 | 13 | 2 | Gebäude . | 118 | 50 | — |
| Standgeld **) . | 7 | 56 | — | Deputat . . | 137 | — | — |
| Roßhaar . | 12 | 33 | 2 | Insgemein . | 18 | 24 | — |
| Streit wegen Holzfuhrgeld. ***) | | | | | | | |
| Zufällige Einn. | 147 | 30 | — | | | | |
| Summa der Einnahm | 1047 | 18 | 3 | Summa der Ausgab | 1660 | 15 | 2 |

Einnahm.

*) Sie werden von Tagwerkern, Austräglern und andern in der Herberg sitzenden ledigen Leuten seit 1751 mit jährlich 30 kr. von Jedem in den 4 Quatemberzeiten erholt' wenn nicht zu grose Armuth den Nachlaß erheischt.

**) Die Standgelder werden bei Marktzeiten von den aufgeschlagenen Krämen und Ständen, dem Herkommen nach, eingebracht.

***) Im Oberlande waren in mehrern Gerichten die Unterthanen verbunden, Holz zur Hofhaltung nach München zu führen, wofür denn jährlich etwas in Geld bezahlt werden mußte. Da dieses alles sich blos nach dem Herkommen bestimmt, so ist auch hier der Fiskus im Streit.

Das Buch entsteht in einem Umbruch. Der erste Band erscheint 1801, im Herzogtum, der neunte und letzte 1808, im Königreich Bayern. Das Werk ist ein Überblick über die Realien und Zustände des Territoriums: Es ist wie eine große, mächtige Landkarte, die der Fürst mit großer Geste auf einem prachtvollen Möbel ausbreitet, um mit ihr fürderhin noch vollendeter zu regieren über *sein* Reich, nur besteht das Werk eben aus Worten und Zahlen. Oder: wie ein prachtvolles Vorzimmer, in dem sich Gesandte aus allen Ecken des Reiches drängeln, um dem Fürsten Bericht aus ihren Bezirken, ihren Gerichten zu erstatten – nur als Buch. Auch das sind die *Statistischen Aufschlüsse*. Aber anders als Landkarten und Gesandte ist das gedruckte Buch offen und für viele und auch uns heute noch zugänglich.

»ächte Quellen«

Wie eine Landkarte pochen die *Statistischen Aufschlüsse* auf ihre Wahrhaftigkeit, auf ihre Akkuratesse. Sie sind, wie das Titelblatt zuverlässig vermerkt, *aus ächten Quellen geschöpft*, und das Werk will nicht nur, so das Titelblatt weiter, positive Daten über Bayern liefern, es versteht sich vielmehr als *Ein allgemeiner Beitrag zur Länder- und Menschenkunde.* Als Motto prangt vor dem ersten Band: *La vérité, rien que la vérité, toute la vérité. Wahrheit und nichts als die Wahrheit* klingt nach einer vereidigten Zeugenaussage – und erhebt dadurch auch Anspruch auf die subjektive Unschärfe, die jeder Augenzeuge unausweichlich mit sich bringt, sich also auch erlauben darf. *Wahrheit sag ich euch, Wahrheit und immer*

*Wahrheit, versteht sich: / Meine Wahrheit; denn sonst ist mir auch keine bekannt,* wie es in den vier Jahre zuvor erschienen *Xenien* Goethes und Schillers heißt. Xenien

Die ersten Sätze der *Vorrede* des ersten Bandes, Torhüter tausender Seiten, entwerfen einen Vergleich von Statistik und Medizin, der technisch kühn ist und eine Innenansicht des beobachteten Organismus verspricht: mit therapeutischem Hintergedanken Hand an den Leib des Leviathan, an den Staatskörper legen: Anatomie

> Das Erwachen der Anatomie im medizinischen Reiche war der Moment, in welchem sich schnell über die ganze Heilkunst Licht verbreitete, und diese Kunst lange nur als empyrisch[2] gekannt, zur Wissenschaft empor hob. Was nun im Reiche der Heilkunde die Anatomie ist, däucht mich, in der großen Staatswirthschaftslehre oder Regierungskunst – die *Statistik* zu seyn: aber diese liegt noch größten theils in tiefem Schlafe. Egoisten, Obscuranten, Rechnungsmonopolisten und aller Art Geheimniskrämer verschworen sich gegen ihr Erwachen.

Konsequent verflüchtigt sich die Gestalt des Statistikers, des Beobachters, der da redet und erzählt, vor der

**2** Die Orthografie des Buches weicht, durch Konventionen der Zeit und durch Druckfehler gleichermaßen, stark von dem Erscheinungsbild eines heutigen Buches ab. Um der heutigen Lektüre kein Hindernis zu errichten, wurde im vorliegenden Buch der Versuch unternommen, die Schreibung des Textes sanft zu modernisieren und zu vereinheitlichen, ohne dem Stil und der Farbe des Textes dabei zu schwere Verluste aufzuerlegen. Ausgenommen davon sollen nur die Passagen aus den *Statistischen Aufschlüssen* sein, die hier im Vorwort zitiert werden, sie sind originalgetreu, gleichsam in freier Wildbahn.

ätherischen Gestalt der Wissenschaft, um nicht zuletzt auch die Optik des Lesers zu purgieren:

> Unbekannt sollte auch hier, wie bei meinen andern Schriften der Verfasser bleiben, um sich so manche Mißhelligkeit zu ersparen, und dem so sehr voreilenden Vorurtheile auszuweichen: allein es waren schon mehrere Bogen gedruckt, als man mich aufforderte dem Werke meinen Namen vorzusetzen.

Statistiker und Statistik

Lassen wir ihm für noch einige Zeilen seine Ruhe und nennen den Herrn Verfasser noch nicht; aber mehrere Bogen lang wird es nicht mehr gehen. Irgendwann will man neben den Augen auch die untrennbar damit verbundenen Augäpfel kennenlernen; wie es in der Vorrede zum zweiten Band heißt:

> Und ihr, meine übrigen Freunde und Landsleute! ihr könnt es mir nicht verargen, wenn ich auch unsere Fehler und Gebrechen mit der offenen Freimüthigkeit des unbestechlichen Wahrheitsfreundes darstelle; die Menschen müssen sich einander kennen lernen.

Gliederung und Verlauf des Werkes sind einfach. Es gibt einen impliziten Fragenkatalog, ein bestimmtes Aufmerksamkeitsspektrum, das an alle Gerichte Bayerns herangetragen wird. Einen breiten, aber penibel kleinteiligen Über- und Einblick vermitteln die immer wiederkehrenden Kategorien:

*Bestandtheile in topographischer und historischer Hinsicht*
*Landwirthschaft und Kultur*

*Viehstand*
*Gewerbe*
*Politische Verhältnisse*
*Mineralien*
*Verschiedene andere Auffallenheiten*

Aber das sind mehr Überschriften als Kategorien: Die Eindrücke und Informationen, die gesammelt werden, sind nicht immer gleichmäßig verteilt, auch findet sich manches Thema mal hier und mal dort. Jede Feldforschung fordert und beugt die mitgebrachten Kategorien. Manchmal spürt man das Notat, manchmal glaubt man fast das Diktat zu hören, immer aber ist das Faktum greifbar, in seiner ermüdenden Gleichförmigkeit das Faktum.

Dazu gibt es lange Auflistungen von Ortschaften und Orten, die zu dem Gericht gehören, Auflistungen der Klöster oder geistlichen Institutionen, Auszüge aus den Rechnungsbüchern des Kassenamts oder aus dem Geburten- und Sterberegister der Kirchen, Listen von Stiftungen, Jagden, Besitzungen, zuweilen werden auch Briefe und Petitionen der Einwohner an die Obrigkeit eingerückt oder Zeitschriftenpublikationen zitiert, Einnahmen und Ausgaben werden festgehalten, und immer wieder Listen. Es ist, als würde die entstehende Statistik alle verfügbaren, greifbaren Daten an sich saugen, kompilieren, arrangieren und wieder freilassen in Form einer Beobachtung, einer Einschätzung, eines *Aufschlusses*.

Daten, Ingredienzien

Wie aus den eben genannten Themen aber schon klar hervorgeht, ist nicht alles quantifizierbar, was zu Recht erfasst werden muss. In den verschiedenen *Auffallenheiten* verbergen sich teilweise veritable ethnografische Essays, die die *Statistischen Aufschlüsse* im Gedächtnis etwa der Trachtenforschung bis heute erhalten (hierzu trugen nicht zuletzt auch die im Werk enthaltenen, schönen Aquarelle des Hofmalers Ludwig Neureuther bei – tatsächlich ein Urahn der Skirennläufer Christian und Felix Neureuther). Da finden sich teils ausufernde Exkurse über Lokalgeschichte und historische Merkwürdigkeiten an den jeweiligen Ortschaften. Hingegen sind es besonders die *Politischen Verhältnisse*, die vom gegenwärtigen Zustand sprechen. Hier geht es, stets in wunderbarer Prosa und nur leicht mit Zahlen und Tabellen durchsetzt, um die Lebensbedingungen der Bevölkerung in Bezug auf die Aspekte des Lebens, für die der Staat und die Regierung die Verantwortung zu übernehmen haben, die also Teil der fürstlichen, bald königlichen Politik zu sein haben: das Bildungswesen, die medizinische Versorgung, die Feuerwehr und sonstige Sicherheitsanstalten, auch Infrastrukturelles wie Haus- und vor allem Straßenbau, Möglichkeiten für Handel und Austausch. Auch volkskundliche Elemente fließen immer wieder in die *Politischen Verhältnisse* ein, und zuweilen verirrt sich auch eine historische Ausführung hierher. Die *Politischen Verhältnisse* sind es, die das vorliegende Buch ausmachen. Sie vor allem vermitteln ein Bild von den Realitäten in Bayern um 1800. Sie liefern Realien aus der guten alten Zeit.

Politische Verhältnisse

Und sie liefern, da sie sprechen und erzählen, auch die Gestalt des Statistikers, seinen Schattenriss im Text, in den Daten, in der Aufmerksamkeit und der Einschätzung des Notierten. *Politische Verhältnisse* liegen freilich im Auge des Betrachters. Wo der eine verwahrloste, erbarmungswürdige Analphabeten sieht, sieht der andere brave Untertanen mit einer Neigung zum Undank. Der Statistiker der *Statistischen Aufschlüsse*, Joseph von Hazzi, sieht Ersteres. Als Staatsdiener dokumentiert er Staatsversagen. Er spricht vehement, nicht so sehr empört, als vielmehr erbost, aber eben umfassend und genau; dafür wird er vom Staat geehrt, geadelt. Woher nimmt man die Geduld, die *Statistischen Aufschlüsse* zusammenzutragen, und woher das Geschick, als Staatskritiker in einem aufstrebenden Königreich ein geachteter Staatsbediensteter zu sein bzw. zu bleiben?

Im Auge des Betrachters

Der Betrachter

◊

Joseph von Hazzi wird am 12. Februar 1768 in Abensberg, Rentamt Straubing, geboren. Er ist das erste von elf Kindern, deren viere überleben. Die Familie Hazzi, die sich bis ins späte 17. Jahrhundert zurückverfolgen lässt, ist eine Familie von Zimmerleuten und Maurern. Sein Vater, der Maurermeister Johann Adam Hazzi, heiratete die Tochter des Abensberger Stadtbaders Krötz; er scheint auf der Schwelle zum Bauunternehmer zu stehen und ist, wie Joseph berichtet, oft nicht zuhause, sondern unterwegs auf seinen Baustellen. Joseph von Hazzis Vita im *Neuen Nekrolog der Deutschen*[3] eröffnet

Hazzis Herkunft

3 *Neuer Nekrolog der Deutschen*, Bd. XXIII, Weimar 1847, S. 513ff.; Weiteres zu Hazzis Biografie vgl. den Beitrag von Carl Leisewitz in der *Allgemeinen*

entsprechend mit dem Lob des Aufstiegs aus den einfachen Verhältnissen – eine Form der Mobilität in den Ständen, die eigentlich nicht vorgesehen ist:

> Die Beschränktheit der Mittel seiner Aeltern erschwerte sehr die Ausbildung des eben so talentvollen als fleißigen Jünglings, der in dem Seminarium zu München, dann auf der Universität zu Ingolstadt studirte, und sich sowohl in der Rechtswissenschaft wie in der Physik die besten Zeugnisse erwarb, dabei aber mit Noth und Entbehrungen kämpfen mußte.

Abseits der Tendenz zum Typischen, die die Vita im *Neuen Nekrolog* prägt, gibt es auch eine autobiografische Quelle für die ersten Jugendjahre bis etwa zur Jahrhundertwende, in der Hazzis Detailversessenheit bereits voll in Blüte steht. Zwar ist unbekannt, wann Hazzi diese Memoiren schreibt, aber die Erinnerungen brechen 1796 ab. So ist es wahrscheinlich, dass dieser Text in etwa gleichzeitig mit den *Statistischen Aufschlüssen* entstand.

Der grundsätzliche Befund des *Neuen Nekrologs*, dass Hazzi ausgesprochen fleißig, zudem glühend ehrgeizig, ausdauernd und leidensfähig ist, wird auch in den

*Deutschen Biographie* (11, 1880, S. 165ff.) und den von Heinz Haushofer in der *Neuen Deutschen Biographie* (8, 1969, S. 158f.), sowie vor allem Egon Johannes Greipl u. Reinhard Heydenreuter: *Die Jugenderinnerungen des Joseph von Hazzi.* In: *Bayern. Vom Stamm zum Staat.* Hrsg. v. Konrad Ackermann et al., München 2002, Bd. 2, S. 143ff. Die *Jugenderinnerungen* gehen auf Dokumente aus Hazzis Geburtsstadt Abensberg zurück, die Alfons Listl 1945 transkribiert hat; die Originale gelten heute als verschollen.

*Jugenderinnerungen* deutlich. Aber von der Geburt an sind da auch die schrägen Einzelheiten, Besonderheiten, mit denen Hazzi das akribische und kostbare Gemälde der Normalitäten würzt. Etwa:

> Meine Mutter fiel drei Tage vor meiner Geburt in die gefrorene Abens, ein kleiner Fluß, sie war schon unter dem Eise begraben, als zufällig Leute Zeugen der Szene gewesen und sie gerettet haben. Weltlich und Geistlich prophezeite nun dieser Leibesfrucht sonderbare Dinge. Kaum geboren, ward ich mit Skapulieren und Andenken von den geistlichen Herren, vorzüglich den Karmeliten behangen, die in mir oder mich selbst als den leibhaftigen Teufel ahnten. Ich erinnere mich noch, wie mir zu oft in der ersten Jugend meine Mutter im Zorne diese Vorwürfe machte.

Hazzis Geburt

Der leibhaftige Teufel mag aus der Reihe tanzen, ansonsten aber scheint das schreckliche Eisbad keine Sonderbehandlung des Kindes nach sich zu ziehen. Im Gericht Auerburg, den ersten Ortschaften des ersten Bandes, beobachtet Hazzi ganz grundsätzlich:

> Das Kind in der Wiege wird von den Karmelitern schon mit einem Skapulir behangen, von welchem sich kein Bewohner, so lang er lebt, mehr trennt.

Hazzi besucht zunächst die Schule in Abensberg. Er erinnert sich in der Hauptsache an Prügel und Ungerechtigkeiten, gegen die nur Bestechung hilft. Früh begehrt er auf, voll aufbrausender Ehre im Leib, Gewalt gegen Gewalt. Schon als Kind bewundert er die Studenten, früh schon betrachtet er die Kirche, vor allem die ortsansässigen Karmeliter, mit (einer dem Vater

Hazzis Schulzeit

nachgesprochenen) Skepsis. Die Strategie des Vaters, den Jungen auf Schritt für Schritt bessere Schulen zu bringen, indem er ein wenig Latein, aber umso mehr Musik und Gesang lernt, geht auf. Er kommt in das nahegelegene Kloster Rohr. Der Sängerknabe erlebt auch dort schwer prügelnde Lehrer und Ungerechtigkeit, aber auch etwas Milde; der spätere Probst Andreas Auracher fördert ihn. In den *Jugenderinnerungen* beschreibt sich Hazzi selbst als ein nicht gerade zurückhaltendes Kind; er bekommt von den Mitschülern den Spitznamen *Rauferl.* Zugleich zeigt er bereits hier »die große Anlage zum Lachen«, die ihn bis ins Erwachsenenalter prägen sollte:

Hazzis Lachen

> Wenn alles still in religiösen Zeremonien begriffen war, kam mir dieses oder so manches anderes so lächerlich vor, daß ich das laute Lachen nicht mehr unterdrücken konnte. Ich mußte oft die Kirche verlassen, oder brachte z. B. während den ernsten Tischegebeten vor der Tafel, besonders in zahlreichen Versammlungen, die ganze Gesellschaft in Unruh und mehrere mit davon zum Lachen.

Hazzi in München

Mit Hilfe seines Förderers Auracher und anderer Geistlicher und Adeliger, die er sich in teils zäher Arbeit gewogen machen kann, wird Hazzi mit 11 Jahren auf das Jesuitengymnasium nach München geschickt – auch hier ist der Schlüssel seine Singstimme. Auf dem Weg nach München sieht er zum ersten Mal Bauern und Bürger Frondienste leisten wie Sklaven, er sieht einen geviertelten Menschen am Galgen hängen, es hinterlässt einen tiefen Eindruck. 1779 also wird er im Internat der Jesuiten untergebracht (der Orden ist 1773 aufgehoben worden und die geistliche Belegschaft des Lehrkörpers mehrmals in Reform und Unruhe begriffen; andererseits gibt es derzeit in Bayern in großer Zahl Illuminaten und in noch größerer Zahl vermeintliche Illuminaten). Hazzi beginnt sogleich mit dem Überspringen einer Klasse und fährt fort, angespornt von einem System der Bestenlisten, aber auch von der materiellen Unabdingbarkeit eines Stipendiums, wie ein Besessener zu studieren und zu arbeiten, *durchaus mit heißem Bemühen*. Immer noch aber ist er aufmüpfig, akzeptiert bestimmte Prügelstrafen nicht, gibt Widerworte, lacht im falschen Moment. Hazzi beginnt zudem, einen kleinen Apfelhandel aufzuziehen und das Geld hochdiszipliniert zu sparen – um es dann in einen Hirschfänger und studentische Kleidung zu investieren. Er behält die Gewohnheit, an Nahrung, an Brennholz, am Allernötigsten zu sparen, um es in die Kleidung und die modischen Accessoires der höheren Stände zu investieren.

Hazzis Fleiß und Durchhaltekraft

Hazzis Apfelhandel

Bereits der jugendliche Hazzi benutzt die ersten Verantwortungen, die ihm auf der Schule übertragen werden, für Veränderungen und Reformen, die darauf zielen

> mehr Freiheit im Seminar einzuführen, das zu Klösterliche zu entfernen. Statt asketischer Vorlesungen führte ich Unterhaltung aus den schönen Schriftstellern ein. Wo ich Gebete, Kirchgesänge ändern konnte, tat ich es. Ich selbst hatte mich des Beichtens und Kommunizierens längst heimlich entzogen, schützte eine andere Kirche vor, wo ich diese Andacht verrichtet habe, während ich wo in einem Buche las, oder in ein Caffeehaus ging.

Entsprechend ist es nicht mehr sein Ziel, Geistlicher zu werden, vielmehr will er Juristerei studieren. Über Beziehungen und Hilfestellungen wird ihm, dem zähen Klassenbesten, ein Stipendium des Kurfürsten Karl Theodor für die Universität organisiert – dafür wird sogar eine handfeste Karriere als Sänger abgelehnt. 

Hazzi in Ingolstadt

1786 bezieht Hazzi die Universität in Ingolstadt, studiert Jura und Physik. Um mehr von dem Stipendium zu haben, studiert er das Pensum von drei Jahren in zweien. 1788/89 absolviert er ein Praktikum am Gericht seiner Heimatstadt Abensberg, das ihn zutiefst schockiert, ja verzweifeln lässt, denn es werden in der Hauptsache Strafgelder eingesackt und Prügelstrafen ausgeteilt. Er macht schließlich 1789, während in Paris die Bastille fällt, seinen Abschluss mit einer Arbeit zum Römischen Recht – natürlich mit ausgezeichneten Noten.

Hazzi zurück in München

Dann geht es wieder zurück nach München, wo Hazzi die nächsten Stufen auf dem Weg zum Advokaten nimmt, aber zugleich sieht, dass es nur um Geld geht. Er ist mehr und mehr von Abscheu für den sämtlichen Advokatenstand erfüllt. Er versucht, ein Amt zu ergattern – was aber nicht nur wegen seines Widerwillens, sich aus Standes- oder Geldesgründen unterzuordnen, schwierig ist. 1792 versucht er an der Hofkammer, einer Finanzbehörde, eine Beamtenlaufbahn zu beginnen; behilflich bei der Erringung des Postens ist ihm sein potentieller Schwiegervater, der Kreis-Vikariats-Hofgerichtsagent und Hofgerichtsadvokat Joseph Valentin Edler von Speckner. Da Hazzi nicht vermögend genug ist, um sich einen Posten, wie

von Speckner

es üblich ist, zu kaufen, bleibt ihm nichts anderes übrig, als in eine Beamtenfamilie einzuheiraten und das Amt zu erben.[4] Zu diesem Zwecke heiratet er schließlich 1793 Maria Theresia, die Tochter des Hofrates und Stadtdirektors von Lauingen, Ferdinand von Setzger. Es ist eine kühle Beziehung; seinem eigenen Zeugnis in den *Jugenderinnerungen* nach, ist Hazzi überhaupt erst spät zur Liebe erwacht, und nie tatsächlich intensiv. Etwas anderes erhitzt ihn, neben seiner nimmermüden Arbeitswut: In seinem Münchner Stammkaffeehaus, dem *Wavoque* in der Kaufingergasse, begegnet er französischen Migranten. Hazzi »glühte vor Freude über jeden neuen Fortschritt der Revolution«.

von Setzger

1794 endlich wird er »im Tempel des Forstwesens, in der Forstdeputation eingeführt«, als Forstrat:

Tempel des Forstwesens

> Da lernte ich neue Gegenstände, neue sonderbare Menschen kennen. Ich horchte und las und konnte lang aus allem dem nicht klug werden. Unterdessen verfolgte ich meinen vorigen Plan, keine Prozesse zu führen, sondern sie alle zu vergleichen. Diese Anträge verschafften mir zugleich die Gelegenheit, daß ich mich überall hin auf das Land begeben, und so Land und Leute selbst überall zu Rat ziehen konnte. Den größten Teil des Jahres reiste ich daher im Lande herum. Von da aus machte ich kleine Abstecher in fremde Lande, ging so einmal ohne Paß und

4 So berichtet Hazzi auch aus dem Gericht Pfaffenhofen, hier S. 135: »Sucht man nun so eine fixe Stelle, so ist man gezwungen, die Wittwe oder Tochter des Verstorbenen und oft noch eine ziemliche Schuldenlast mit zu heirathen.«

> Erlaubnis bis nach Prag. Meine glücklichen Commissionsgeschäfte verschafften mir bald im Lande den ausgebreitesten Ruf. Wo große Streitigkeiten zu schlichten waren, baten die Parteien um mich als Commissarius. Wo ganze Bürgerschaften in Aufruhr waren wie zu Furth und Kelheim, erschien ich und bald was alles geschlichtet und der Zukunft Wohlstand vorbereitet. Weiden und Wälder verteilen, der Freiheit die Fesseln zu lösen, überall Cultur, Ansiedlungen zu befördern, die Feudalverhältnisse zu zerstören, war überall mein Talisman, der aber auch überall Wunder wirkte, mir alle Herzen gewann.

Nach der stark gerafften Erzählung einer Reise nach Wien, Ungarn, Böhmen, Sachsen und Preußen, brechen die *Jugenderinnerungen* ab. Hazzis goldene Lakonie äußert sich da noch einmal in seiner Beschreibung des literarisch berühmten Karlsbad: »Wir kamen dann nach Karlsbad. Es war fad.«

◊

Bei seiner Arbeit als Forstrat wird Hazzi die Expertisen und die Autopsien sammeln, die in den *Statistischen Aufschlüssen* niedergelegt sind. Statistik im Sinne der systematischen Beschreibung eines Landstrichs gibt es bis dato in Bayern nicht. Zudem ist es üblich, die betreffenden Daten, so sie denn vorliegen, als Staatsgeheimnis zu behandeln und unter Verschluss zu halten. 1799, mit der Reform der Staatsverwaltung in Bayern, erhält Hazzi den Posten eines *General-Landesdirections-Rathes*.

Dann folgt: Auftritt Napoleon. Nach der Schlacht bei Hohenlinden, Anfang Dezember 1800, wird Bayern von der Revolutionsarmee besetzt. Napoleon und seine Leute brauchen Wegweiser, Landkarten, Informationen, und das gibt es in Bayern bisher nur in Menschenform. Joseph von Hazzi wechselt in den Stab der Napoleonischen Armee und bleibt dort für mehrere Jahre. Er kann auf seinen Reisen, die im Grunde immer Dienstreisen sind, so viel vom Kontinent, so viele verschiedene Regierungs- und Verwaltungsstile beobachten wie wohl nur wenige seiner Mitbürger. Der weitere Wirkungskreis öffnet sich, als Bayern ein Bündnis mit Napoleon schließt und Hazzi als Marschkommissar zur *grande armée* gestellt wird.

Hazzis napoleonischer Dienst

In französischen Diensten findet sich Hazzi geehrter als in bayerischen. Gemeinsam mit dem französischen General d'Abaucourt begründet er ein Topografisches Büro, aus dem das erste Generalstabs-Kartenwerk für Bayern hervorgehen wird. Auf Einladung des Generals Moreau unternimmt er eine Studienreise durch Frankreich, Italien und die Schweiz, um dortige Systeme der Verwaltung und des Wirtschaftens en détail zu studieren.

Landkarten und Reisen

d'Abaucourt und Moreau

1805 wird Hazzi ins französische Hauptquartier berufen, er macht die Bekanntschaft Napoleons, der ihn schätzen lernt und in hohe Ämter einsetzt: Er wird Murat, dem Gouverneur im Großherzogtum Berg (grob die heutigen Regierungsbezirke Düsseldorf und Köln), zugeteilt und mit der Um- und Durchsetzung der napoleonischen Reformen, etwa des *Code Civil*, in Deutschland betraut. Er kommt durch Preußen, wird Polizeipräsident von Berlin, wird schließlich Leiter der gesamten Polizeiverwaltung in den eroberten Gebieten. Er lockert die Zensur der Zeitung erheblich. Nach dem Frieden von

Hazzi in Düsseldorf und Berlin

Tilsit 1807 wird er Staatsrat in Düsseldorf, als Funktionär des Großherzogtums Berg geht er nach Paris. Im Herbst 1811 kehrt er nach Bayern zurück, 1813 in den dortigen Staatsdienst. Bayern indes, das bis zu diesem Moment ein Bündnispartner Napoleons gewesen war, lässt den Kaiser 1813, keine zwei Wochen vor der Leipziger Völkerschlacht, fallen und tritt aus dem Rheinbund aus, nachdem es sich den Fortbestand aller Gaben Napoleons zusichern lässt. Nicht sehr fein, aber sehr rentabel.

Völkerschlacht bei Leipzig

Hazzi seinerseits wird der Finanz- und Schuldenverwaltung in Schwaben zugeteilt, kehrt anschließend wieder nach München zurück und wendet sich schließlich voll und ganz den Themen der Landwirtschaft bzw. der Landeskultur zu. So wird Hazzi, inzwischen Staatsrat, Vorstand der *Landesbau-Commission*, später auch Vorstand des *Baierischen Landwirthschaftlichen Vereins* zu München (1818–1835), zudem gibt er das Wochenblatt des Vereines heraus. 1816 wird er für seine Arbeit geadelt. Ebenfalls 1816 heiratet er Josefa Gräfin Basselet von La Rosée, seine erste Frau Maria Theresia ist 1815 gestorben.

Hazzi zurück in München

Basselet von La Rosée

Seine drängende Energie für Reformen aller Art geht vielen Zeitgenossen zu weit; ein Zuviel an Reform, also eine Revolution, hat Nachbar Frankreich gerade erst der Welt gezeigt. Deshalb muss jeder Reformer der offenen Flanke dieser Verleumdung gedenken. Aus dem Gericht Furth berichtet Hazzi:

> so verleumdete man schändlich meine Kommissionshandlungen, verschrie meine Grundsäze als jakobinisch, und

> ich konnte nur mit aller Anstrengung, die Anordnungen, Vertheilungen und mich der Inquisizion entziehen.

Viele von Hazzis Vorschlägen können dem konservativen Blick, dessen Skepsis Trägheit ist, als kühn erscheinen. Neben Flurbereinigungen, Arrondierungen und infrastrukturellen Dingen, wie große Kanalbauten, plant er etwa, in Niederbayern eine Flut von Maulbeerbäumen aufzuforsten und die Seidenraupenzucht en gros hochzuziehen. Sein *Lehrbuch des Seidenbaues für Deutschland und besonders für Bayern* erscheint 1826. Überhaupt beginnt Hazzi nun in immer rascherer Folge Bücher zu publizieren, die das Ziel einer Verbesserung des Lebens und einer Verschönerung des Landes durch Reformen und Fortschritte im Bezirke der Landeskultur und Infrastruktur haben; 31 Bücher wird sein Schriftenverzeichnis schließlich fassen.

Hazzis Reformschub

Hazzis zahlreiche Werke

Zu seinen einflussreichsten Werken zählen etwa *Über den Dünger, zugleich aber auch über das Unwesen dabei in Deutschland, besonders in der Haupt- und Residenzstadt München und in ganz Baiern* (1821) sowie seine drei populären Katechismen *Katechismus der baierischen Landes-Kulturgesetze sammt Unterricht der Landwirtschaft für das Landvolk* (1804), *Katechismus über Zucht, Behandlung und Veredelung der Rindviehgattungen* (1828) und der *Katechismus über die Zucht, Wartung, Pflege, Mastung, Fleisch- und Schinkenräucherung und Krankheiten der Schweine* (1838) sowie mehrere Schriften zur Seidenraupenzucht, zu Pferderennen und Pferdezucht, über Güterarrondierung

(Flurbereinigung) und Trödlerwesen, auch Reisebeschreibungen über England und Frankreich, sowie einen Reformvorschlag *Ueber Feldpolizei, als die Grundveste der Landwirthschaft sammt einem Entwurfe zu einer umfassenden Feld- und Landwirthschafts-Polizeiordnung* (1831), der mit großer Billigkeit auf den Arbeitermangel reagiert. Aber auch als Philhellene tritt er 1822 mit dem Werk *Ueber den Islamismus, das Türkthum, dann die Sache der Griechen, und Europeens Pflichten dabey* hervor. Hinzu kommen noch ungezählte Beiträge für Journale und Enzyklopädien. Alles ist getrieben, wie es Carl Leisewitz in der *Allgemeinen Deutschen Biographie* so schön sagt, von einem »Verlangen nach Kulturbewegung, wo Stagnation um sich zu greifen drohte«. Durch Übersetzung seiner Schriften, besonders derer bezüglich des Düngers, finden Hazzis Ideen teilweise europaweite Verbreitung.

Aber er wirkt nicht nur durch Text, sondern auch durch Praxis und Experiment. Von seinem (zweiten) Schwiegervater Reichsgraf Johann Kaspar Aloys Basselet von La Rosée, immerhin Präsident des Landesappellationsgerichts, zudem großer Freimaurer und Illuminat, kauft er 1827 das Gut Elkofen, unweit Münchens, und baut es zum Mustergut aus. Hier erprobt er landwirtschaftliche Techniken, die in die Zukunft weisen und bald Normalität werden, etwa Fünf-Felder-Wirtschaft, Stallfütterung und modernere Methoden der Düngung. Die Steigerung des Ertrags und die Rationalisierung der Methoden passen in vielfacher Hinsicht ins Bild.

Mustergut Elkofen

Hazzi war beeinflusst von den Theorien der sogenannten Physiokraten in der Nachfolge des Ökonomen und Arztes François Quesnay (*1694). Quesnay denkt Wirtschaftskreislauf und Volkswirtschaft in Analogie zum Blutkreislauf des Einzelnen und sieht die Natur als alleinigen Ursprung des Reichtums an (im Unterschied etwa zu Zins usw.).[5] Erst 1837 legte Joseph von Hazzi seine Funktionen im *Landwirthschaftlichen Verein* nieder. Der unermüdliche und kinderlose Hazzi stirbt auf seinem Gut Elkofen am 21. Mai 1845.

◊

Religion und Aberglaube

Ein Wort wert scheint Hazzis Beziehung zum Klerus, die besonders in den *Statistischen Aufschlüssen* als eine gespannte erscheint. Oft genug hat es den Anschein, dass er die Religion im alten Sinne des lateinischen Wortes *religio* auffasst – was *Aberglaube* bedeutet. Dass alle Religion als Aberglaube abzutun ist, das war freilich auch in alter Zeit schon denkbar und ist kein Alleinstellungsmerkmal entzauberter Moderne. Hazzi besitzt eine gediegene Ansicht über die Beziehung von Irdischem und Himmlischem, eine abwartende, skeptisch selbstbewusste Ansicht, die sich nur nachrangig um die Hierarchie zwischen Geistlichem und Materiellem

5 Von hier aus läuft, eigentümlich genug, eine Traditionslinie von Hazzi in die kurze Münchner Räterepublik, denn deren Finanzminister Silvio Gesell (*1862) berief sich mit seiner Freiwirtschaftslehre, wie auch Georg Blumenthal (*1872) mit seinem utopisch-verführerischen Freigeld, auf dieselben Ideen. Ob der Name Hazzis in der Räterepublik eine Rolle spielte, ist, soweit ich sehen kann, nicht bekannt.

kümmert. Das bedeutet auch und vor allem, dass die Geistlichen, die sogenannte Geistlichkeit, nicht mehr auf das archaische Zuckerl der bevorzugten Behandlung und Beurteilung rechnen können. Indes ist er wohl nicht zum ganz harten Flügel der Aufklärer zu zählen, die mit dem Materialismus ernst machen. Umso entschiedener will Hazzi dafür den Einfluss der Pfaffen auf den gänzlich weltlichen Alltag der Menschen dämpfen. Indiz hierfür ist auch eine Stipendienstiftung, die Hazzi nach seinem Tod hinterlässt: Aus dem Kapital der Stiftung soll Söhnen der Stadt Abensberg das Studium ermöglicht werden. Sollte sich einer von diesen dann aber für eine geistliche Laufbahn entscheiden, so ist das komplette Stipendium zurückzuzahlen. Das ist etwas durchaus anderes, als wie üblich Geld für unzählige Totenmessen oder eine Kapelle zu hinterlassen.

Hazzis Stiftung

Ganz im Gegenteil rühmt sich Hazzi in mancher Fußnote der *Statistischen Aufschlüsse*, dass er selbst an der Beseitigung von Kapellen, Marterln und dergleichen mitgewirkt hat, zumal die in ihnen ausgestellten und ausgeübten Künste zugleich lächerlich und betrügerisch sind. So etwa im Gericht Viechtach und Linden (mit Hazzis Fußnote):

Hazzis Demolierung

> Jeder Fremde, der dieses Gericht durchreist, staunt über die vielen Kapellen, Kreuze und Martersäulen *). Jedes Dorf zählt oft 2 bis 3 Kapellen, und die Fahrwege und Fußsteige sind überall mit diesen Aushängschilden religiöser Schwärmerei versehen. An den Häusern, besonders zu Viechtach und Ruhmannsfelden, sind nach

der elendesten Zeichnung Bilder von Heiligen gemalt. Da prangt rechts neben der Hausthür eines Mezgers ein Marienbild oder die Mutter Anna im Reifrok, und links ein Ochs, dem der Mezger den Schlag gibt; hier der heil. Florian in Riesengestalt mit einem brennenden Haus, dessen Giebel ihm kaum bis an die Wade geht, und dergl. In den Kapellen sind die Gemälde noch weit schlechter und mit elenden Karrikaturen hält die Priesterzunft die betrogenen Menschen im Staube gebeugt! Aber sie spricht nicht lange mehr der Aufklärung Baierns Hohn.

*) Sie sind auf höchsten Befehl jetzt demolirt und die noch hie und da stehenden in Dörfern zum weltlichen Gebrauch verwendet worden.

Oder in Hazzis Heimatstadt Abensberg:

Auch hier waren vormals die Juden zu Hause, sie wurden aber einst meistens auf einmal gemordet. Noch jetzt sieht man die Stätte dieser Unglücklichen, wo ihre Leichname zusammen eingegraben wurden. Der Platz heißt Judenbuckel. Uebrigens ärgert man sich in Baiern, so wie in so manchen Ländern Deutschlands, wenn man sich einer Stadt und Flecken nähert, und an einer schönen Anhöhe immer zuerst den Galgen gewahrt!!! eine sehr barbarische Physiognomie eines Landes *).

*) Dem Verfasser gelang es wohl jüngst, alle Fallthore von den Straßen, den Verzäunungen, alle die Martersäulen, Kapellen etc. in seinem Vaterlande verschwinden zu machen, die Straßen von den herüberhängenden Waldungen zu lichten – aber über die Galgen wacht die heilige Justitz, heißt es, und wer wagt sich da daran! – Vielleicht wird die neue Criminalgesetzgebung eine Abänderung treffen.

Aber die alltägliche Bedeutung im irdischen Leben, die die Kirche hat und mit Macht behauptet, ist nur schwer auszuschalten, denn immer, heißt es über Tölz,

> ertönt da die Glocke, und der Wirth weis nicht genug Böcke und Kälber abzustechen, um nach dem Amte die ganze andächtige Versammlung bewirthen zu können.

Kirchliche Feiertage und Wallfahrten werden gefeiert, auch wenn der Staat sie abgeschafft hat, auch wenn darüber die Ernte verloren geht. Zu dieser Bedeutung der Kirchen und Klöster noch ein letztes Schlaglicht: Nicht nur werden die Kirchen und Klöster reich durch erzwungene Abgaben, erbettelte Spenden etc., das Geld wird zu ihnen getragen, weil die Untertanen keine andere Möglichkeit haben, keine Banken also, wohin sie das Kärgliche, das sie sparen, bringen sollen:

> Traurig aber ist die Bemerkung, die man bei verschiedenen Klosteruntersuchungen machen mußte, daß die Landleute keine andere Zuflucht, ihr Geld unterzubringen, wissen als die Klöster, wo es aber entweder tod liegen bleibt, oder oft gar verschwelgt wird. Es läßt sich aber auch nicht verkennen, daß beim jezigen Justiz- und Prozeßgange nothwendig aller Kredit mangeln muß, welche Staatskrankheit zu tief eingewurzelt ist, als daß sie so leicht gehoben werden wird.[6]

Die Kritik, die Hazzi in seinen *Statistischen Aufschlüssen* an einzelnen Orden, Klöstern oder Geistlichen äußert,

---

**6** Über das Gericht Dachau.

und die stets sozialer, irdischer Natur ist, ist in ihrer Deutlichkeit offenbar von Anfang an gehört worden – von naturgemäß beleidigten Ohren. Die Grundgedanken der Aufklärung führen nicht nur zu Toleranz, Kompromiss und Versöhnung, es geht auch darum, minder edle Ansichten bloßzustellen, abzukanzeln, auszuschalten. Hazzi betont eigens, dass der Aspekt der Rache, des persönlichen Grolls in seiner Kritik keine Rolle spielt – das besitzt auf den ersten Blick einen versöhnlichen Klang, verstärkt aber die sachlichen Gründe der Kritik nur umso mehr. So sagt er zu seiner und des ersten Bandes Verteidigung am Beginn des zweiten Bandes von 1802 in einer gesonderten Vorrede:

Hazzis treffliche Apologie

> Daß so manches Klostergemälde nicht günstig ausfallen konnte, und daran die alten Freunde des Mönchthums ein Aergerniß nahmen, ist mehr die Sache als die Bewohner des Klosters Schuld. Im Gegentheile ist vielleicht kein Kloster im Lande, darin ich nicht Schul- und Jugendfreunde habe, und diese können es bezeugen, daß ich auch im Priestergewande und in der Mönchskutte den Menschen, den Freund ehre, ihm eben so warm die Hand drücke; und – es ist eben nichts neues gesagt – beinahe der größte Theil von ihnen haßt selbst seine Verhältnisse, wenige alte, im Klosterboden eingewurzelte Misanthropen ausgenommen, welche Gewohnheit, Rache oder Nahrungssorgen noch zu Vertheidigern dieses Standes und ihres Klosters macht; alle übrigen würden froher als nützliche Bürger in die Welt treten, wenn man ihnen hiezu einen anständigen Weg bezeichnete. Alle diese Menschen sind blos als bedauernswürdige Opfer der Jugend und Mangels an Aussicht in der Welt ihr Glück zu machen, anzusehen, die beim Schluße ihrer Studien wie verirrte

Reisende an einem unsichern Scheideweg, oder am Rande eines fürchterlichen Abgrundes stunden, ohne Kunde, ohne Muth, oder ohne Beihülfe, einen andern Weg einzuschlagen. Ich weiß es am besten, da ich mich selbst im nämlichen Falle befand, und nur durch ein glückliches Ohngefähr noch abgehalten wurde, das schon bereitete Ordenskleid zu ergreifen. Auch bin ich Individuen dieses Standes wahrhaft Dank schuldig; schon vom 7ten Jahre an haben verehrungswürdige Priester Vaterstelle an mir vertreten. Ich erkläre also noch einmal, daß ich weit entfernt bin aus Haß oder Rache gegen diesen Stand seine Gebrechen, und seine am Tag liegende Unverträglichkeit mit dem nun edlern Zeitgeiste aufzudekken; man beurtheilt mich daher ganz ungerecht, wenn man mir die Pflicht, die Sache so zu schildern, wie ich *sie finde*, zum Verbrechen macht.

Zeitgeist und Ethos

◊

Bemerkenswert ist bei alledem, wie klar Hazzi Religion und Staat als funktionale Alternativen gegenüberstellt. Der Anspruch lautet, dass der Staat den Entwicklungs- und Aufklärungsschritt gehe, der von der Kirche nicht zu erwarten ist, namentlich die echte, interesselose Fürsorge für die Menschen. Noch sind sie beide, Religion und Staat, voll Niedertracht und Eigennutz, voll Aberglaube und Vorurteil, aber dem Staat kann zumindest die Reform*fähigkeit* zugetraut werden. So ist die Einführung der *Rumford'schen Suppe* für die Armen Münchens (vgl. S. 144) nicht zuletzt deshalb nötig, weil die bisher armenspeisenden Klöster verlegt werden sollen. Selten benennt Hazzi den Zusammenhang so deutlich wie in Bezug auf den bayerischen Wallfahrtsort aller Wallfahrtsorte, Altötting:

Die Rumford-schen Suppen

> Altenötting ist noch heut zu Tag für ganz Baiern, Böhmen, Oestreich, Tirol, Schwaben und noch entferntere Gegenden ein wahres Mekka, wohin Schwärme Menschen von verschiedener Art wimmeln, bei deren Anblick dem forschenden Beobachter so manche Gedanken aufsteigen, die sich darin konzentrieren, daß uns alles dis den Standpunkt des Zeitalters und die noch geringe Kultur des menschlichen Geistes bezeichnet. Die Menschen laufen weit und zu übernatürlichen Mitteln um Hülfe, weil die Regierungen sie ihnen in ihren Heimathen auf die einfache und natürliche Art versagen. Wann einst die Regierungen mehr für das Volk und mit allgemeiner Aufklärung und allseitigen Hilfsanstalten beschäftigt sind, dann werden alle diese Wunderbilder bald von selbst keinen Besuch mehr haben, sondern nur als Uiberbleibsel der Barbarei da stehen.

*Hülfe auf die einfache und natürliche Art*, darum sollte es gehen, davon ist aber in Politik und Polizeiwesen, also in den Sphären der öffentlichen Herrschaft und des Staates noch zu wenig zu finden. Das Politische und die Polizei werden, beide in Bezug auf ihre Wurzel in der griechischen *polis*, Stadtkörper und Gemeinwesen, im 18. Jahrhundert sehr weit gefasst. Unter »Polizei« fällt das gesamte Ordnungsbestreben, deren ausführendes Organ sie ist – auch Armenspeisung mit *Rumfordscher Suppe* und Verwaltung fallen in ihren Aufgabenbereich, sind Teil der Polizeiwissenschaft. Das *Grimm'sche Wörterbuch* etwa konstatiert für das Jahrhundert Hazzis noch Unklarheiten: »die versuche, den begriff der polizei wissenschaftlich zu construieren, beginnen seit der mitte des vorigen jahrh., doch ist es noch heute ein vielumstrittener begriff, worauf hier nicht näher eingegangen

Politik, Polizei, Policeywissenschaft

Begriff der Polizei

werden kann.« Entsprechend allgemein, so die folgende Teilbedeutung, ist Polizei »im allgemeinsten sinne die sorge eines staats oder eines gemeindewesens (unter staatlicher leitung) für das gemeinwohl mittels obrigkeitlichen zwanges.« Die resultierende Verantwortung ist eine wohltätige und fürsorgende; die Abschaffung der schädlichen Regelungen ist dahin der erste Schritt.

Aufgabe der Politik

Die Kernaufgabe besteht für Hazzi in den immer wieder adressierten *Bildungs-, Gesundheits- und Sicherheitsanstalten*, als konkrete Ausformung der Landeskultur und Infrastruktur. Die Misere des Politischen, die in überregulierter Unterwerfung und, kurz gesagt, Ausbeutung besteht, bringt Hazzi in der Hallertau auf den Punkt – und in Konfrontation mit dem Gegenbeispiel. Im Gericht Mainburg und Rottenegg berichtet er über die buchstäbliche Plünderung der Untertanen, nämlich

> daß man dieses Gericht ein geplündertes Pflegegericht nennt, ein solches nemlich, wo die besten Unterthanen und ganze Hofmarken dem Gericht entzogen, und begünstigten Familien überlassen wurden; wie dies hier der Fall mit Rottenegg Ratzenhofen und den Einschichtigen ist. Wie freigebig hierin die Landesfürsten waren, läßt sich daraus abnehmen, weil der größte Theil des Landesvermögens nun in den Händen des Adels und der Geistlichkeit schmachtet; man darf sagen *schmachtet*, da es nicht einmal mit einiger Sorgfalt von ihnen verwaltet wird.

Augustinus von Hippo

Augustinus von Hippo prägte den berühmten Satz, dass der Staat ohne das Recht eine große Räuberbande sei, und Hazzi zeigt, dass er das auch mit Recht und Gesetz sein kann; dass Religion und Recht nicht Ungerechtigkeit verhindern, ist zu offensichtlich, und Hazzi zieht recht zügig seinen Schluss aus solchen Zuständen: Sie hindern die Landeskultur, mithin die Menschenkultur. (Hazzi referiert am Beispiel des sog. Bierzwanges die zu sehr beschnittenen Freiheiten der Untertanen im Gericht Mainburg und Rottenegg.) Sein Fazit klingt drastisch:

> Demnach sind nun alle Gesetze, die die Kultur eines Landes drücken oder hemmen ungerecht und unverbindlich.

Reform und Revolution

Dass Hazzi Reform will und nicht Revolution, zeigt sich daran, dass er im Anschluss an diese Ausführungen ganz genau benennen kann, welchen Staat, welche Regierungsform er in Bayern nachahmen will. Es ist nicht die Entfesselung der Französischen Revolution, es ist die aufgeklärte Herrschaft des Habsburgers Peter Leopold (*1747) in der Toskana. Von 1765 bis 1790 regiert und reformiert Leopold die Toskana, und das Großherzogtum rund um das Zentrum Florenz wird zu *dem* progressiven Land Europas – einmal mehr. 1786 wird die Toskana zum weltweit ersten Staat ohne Todesstrafe, ohne Folter zumal. Aber nicht nur soziokulturell, auch und gerade in Bezug auf die Landeskultur sticht die Toskana heraus, ist sie vorbildlich seit langer Zeit. So ruft Hazzi etwa in seiner Beschreibung des Gerichts Gerolfing, Stamham, Oetting und Kösching enthusiastisch in Bezug auf die Donau aus:

Toskana und Habsburg

> Ich wünschte hier, das Arnothal mit dem Laufe des Arno von Florenz bis Pisa nachgeahmt zu sehen! Wie dieser

gewaltige Strom immer in seinem Bette fest und hoch zusammengedrängt fließt! Wie auf allen Seiten Schleifen bereitet sind, um die nahen Fluren immer durch eine Menge Kanäle zu bewässern, auch andere Kanäle zur Schiffahrt zu füllen, und so das Thal zu einer der schönsten und reichsten Landschaft umzuschaffen!

Der Kontrast zum Elend und zur zurückgebliebenen Kultur Bayerns wird schließlich da deutlich, wo toskanische und französische Aufklärung aufeinandertreffen. Zurück in das Gericht Mainburg und Rottenegg mit seinem Bierzwang, mit seinen »ungerechten und unverbindlichen« Gesetzen. Hazzi berichtet hier eine Anekdote, die er »selbst aus dem Munde des *Citoyen Thouin*, dermaligen *directeur du jardin de plantes* und Mitgliede des Nationalinstituts zu Paris, und des Herrn *Fabbroni*, Direktor des Museums zu Florenz« gehört hat. Die kurze Szene dreht sich um den Botaniker André Thouin (*1747, das Geburtsjahr auch des toskanischen Leopold), einen Mitarbeiter der *Encyclopédie*, zudem Akteur der Revolution und großer Pflanzensammler. Im Gefolge Napoleons sammelt er Pflanzen für die Pariser Museen, sammelt aber auch ganze Sammlungen aus den eroberten Gebieten zusammen. Auf dieses siegerherrliche Sammlungssammeln spielt auch Kollege Hazzi am Beginn der Anekdote an:

liberté und libertà

André Thouin

Als nemlich im Jahre 1796 die Neufranken Italien eroberten, kamen nicht nur Abgeordnete von Paris nach Italien, um seine Denkmäler der schönen Künste zu holen, sondern Bürger Thouin hatte noch vorzüglich den Auftrag in Florenz, sich um jene Gesetze zu erkundigen, die die Kultur von Toskana so mächtig auszeichnen, und das Land so blühend machen: *Solamente la libertà di coltura!* erwiederte man von toskanischer Seite (wir haben kein Gesetz hierüber als die Freiheit der Kultur!). Bürger Thouin schreibt daher in seinem Kommissionsrapport: *les lois toscanes, faites par Leopold, ne sont pour ainsi dire, que des abrogations d'anciennes lois crées par la feodalité dans les tems barbares, et qui s'étant maintenues par l'ignorance, ainsi ce code n'a pour but que d'annuller une multitude de lois, de reglemens et d'ordonances, qui, ayant pour objet de tout regler, portoient partout le découragement et le desordre.*[7]

Thouins Passage, die in die *Statistischen Aufschlüsse* aufgenommen ist, lobt noch zwei weitere Seiten lang die Wohltat der Freiheit, die Produktivität und den Wohlstand der Toskana, nur mit Nordholland zu vergleichen, ein festlicher Segen für die Einwohner. Hazzis Technik der Collage indes, am Ende von Thouins eingerücktem Bericht, entbehrt nicht einer Brutalität, die mehr sagt als tausend Worte:

*Il en resulte une multitude d'avantages, qui n'avoient pas même* été *prévus par leurs instituteurs!*[8] – Weiters fällt in diesem Gericht, oder vielmehr seit dem wir die Gegend

---

7 Die Gesetze der Toskana, die Leopold erlassen hat, sind, so könnte man sagen, nichts anderes als das Außerkraftsetzen von alten Gesetzen, die von Feudalherren in barbarischen Zeiten geschaffen und von der Unwissenheit aufrechterhalten worden sind; in diesem Sinne ist das Ziel dieses Gesetzbuches allein, eine Vielzahl von Gesetzen, Regelungen und Anordnungen zu annullieren, deren Zweck es zwar einst gewesen ist, alles zu ordnen, die aber in der Tat nur Mutlosigkeit und Unordnung hervorgebracht haben. (Übers. T.R.)

8 Daraus entsteht eine ganze Fülle von Vorteilen, die selbst von den Begründern (der neuen Gesetze) nicht vorhergesehen worden sind. (Übers. T.R.)

> von Ingolstadt verlassen haben, auf, daß auch die Priester meistens ungebildeter sind, und ganz und gar keinen Sinn für Schulen und Aufklärung haben.

Willkommen zurück. Den Ruf *Solamente la libertá di coltura!* aber wird Hazzi zu seinem eigenen Schlachtruf erheben und ihn auch in den *Baierischen Landwirthschaftlichen Verein* hineintragen.

◊

Die große Bedeutung, die die Landeskultur für Hazzi wie für so viele andere Intellektuelle seiner Zeit besitzt, liegt nicht zuletzt darin, dass Hunger herrscht, Mangel an allem und am Nötigsten. Vor diesem Hintergrund sind die Suppen und holzsparenden Öfen des Grafen von Rumford nicht zu unterschätzen. Wie finster die Situation auf dem Land ist, wohin die Segnungen der Armenspeisung noch nicht gedrungen sind, ist bei Hazzi mit grausamer Deutlichkeit immer und immer wieder zu lesen.

Diät des Alltags

> Das Brod ist durchgängig schlecht; nirgends ißt man Fleisch.

heißt es über Wolfratshausen, und über Kelheim:

> Ueberhaupt ist die ganze Kleidung noch sehr sklavenmäßig und arm. Auch die Kost harmonisiert damit. Kraut, Nudel, Knödel gibt es einen Tag wie den andern.

Ein etwas genauerer Eindruck lässt sich mit diesen Beobachtungen aus Erding geben:

> Der gewöhnliche Trunk ist Wasser. Die Kost fast durchaus Getreide mit sehr wenigen Veränderungen an Gestalt, und Beimischungen von Wasser, Milch, Schmalz, Butter, selten Eyer. Fleisch wird sehr wenig genossen; zum Gemüß haben sie nur Erbsen und Sauerkraut, in wenigen Orten Salat. Da es leider fast keine Gärten und Krautländer giebt, so haben sie auch keinen Kohl, Erdäpfel, Rettig, Spinat, Gugumern, Zwiebel, Obst etc. Das ganze Jahr geht übers Getreid los, und es wird in jedem Hause eine unglaubliche Summe davon verzehrt. Gegessen wird des Tags fünfmal, als Morgens zwischen 5 und 6 Uhr eine Suppe, wozu der Brodlaib auf dem Tisch seyn muß, um 9 Uhr wird Brod gegessen, um 11 Uhr das Mittagsmahl, welches entweder in sogenannten Knödeln aus Gerstenmehl, oder Dampfnudeln aus Roggenmehl, wobei Sauerkraut oder Milch die Zuspeis ist, besteht. Um 3 Uhr wird wieder Brod, um 6 Uhr das Nachtmahl genommen; meist eine Suppe aus Ueberbleibseln vom Mittagsmahl. Man kann in der That nicht sagen, daß die Mannsleute der Trunkenheit sehr ergeben wären.

Hunger und Sturheit

Diesen katastrophalen Zuständen zum Trotz ist es nicht nur die Unterdrückung und Beharrung von oben, die den Leuten zu schaffen macht, sondern auch ihre eigene Verbohrtheit und Beharrung, die sich gegen jedwede Neuerung sperrt. Ist das nicht eine der Eigenarten, die den Bayern heute noch zugesprochen werden? Über die zahlreichen Stellen hinaus, in denen sich dieser Charakterzug auch in diesem Buch, in den *Politischen Verhältnissen* Bayerns, wiederfindet, seien nur folgende vier Bemerkungen zitiert, die deutlich zeigen, wie gefährlich, wie lebensgefährlich Engstirnigkeit ist. So schreibt Hazzi aus Miesbach:

Dergleichen Hartnäckig- und Gewaltthätigkeiten sind hier nichts Seltenes! – So wurde eine neu verliehene Almhütte sieben Mal abgebrannt und wieder erbaut, bis man sie duldete.

und aus Kötzting:

Es gibt hier keine Straßen, und jede Verbindung der Gegend unter sich und mit andern ist wie abgeschnitten. Um von einem Ort zum andern zu kommen, riskirt man Leib und Leben. Ungeheure Steine versperren die Wege; Jeder sucht sie glücklich zu passiren, aber Niemand denkt daran, sie wegzuschaffen und den Weg zu bahnen.

und aus Landsberg:

In Sachen, die ihrer Meinung nach, Neuerungen sind, sind die Bauern höchst empfindlich, und legen da eine große Schadenfreude an den Tag. Wer einen einmädigen Gras-Flecken zweimal mähet, darf sicher darauf rechnen, daß ihm in der ersten oder zweiten Nacht das Gras auseinander geworfen, und zerstreut werde. Junge Obstbäume, die auf einem Weideplatz, wo sonst keine gestanden waren, gepflantzt werden, stehen nicht lange, sondern werden entweder abgeschnitten, oder abgerissen.

und aus Wildenwarth:

Der Karakter der Bewohner ist kühn und hartnekig; sie lassen eher das Leben als die eingesognen alten Vorurtheile, und Tumulte von einer Menge zusammengelaufener Bauern ist hier nichts seltenes. Als der Graf Preising hier eine neue Schule errichtete, fühlten die wüthenden Bauern den katholischen Glauben in Gefahr und gegen die rasche Aufbrausung mußten sich die Obrigkeiten flüchten.

Das muss man sich auf der Zunge zergehen lassen. Die Untertanten werden über alle Vorstellungskraft hinaus von den hohen Herren ausgepresst und unterjocht, sie ertragen ihre Rechte- und Würdelosigkeit duldsam, sie ehren die Krone und das Kreuz und krepieren massenhaft für diese Ehre. Alles das nehmen sie hin. Aber wehe, jemand versucht, eine Schule zu bauen.

◊

Der Blick, den wir von heute in die Welt des späten 18. Jahrhunderts werfen können, ist vielfältig, aufschlussreich, streckenweise sogar heilsam, ja tröstlich. Wenn wir über Traunstein (vgl. S. 177) lesen, dass im Verzeichnis der Verstorbenen »nicht der 24ste die Lebenszeit einer einzigen vollen Stunde« erreichte, dann spüren wir sofort, was das ist, das wir Fortschritt nennen, dieses seltsame Bündel aus wachsenden Fähigkeiten und Kenntnissen aller Art. Auch wenn die beispiellosen Katastrophen, beispiellosen Schlechtigkeiten des 20. Jahrhunderts den Blick auf das, was Fortschritt ist und mit sich bringt, verstört haben.

nicht der 24ste!

Früher war alles besser, heißt es. Es ist ein Satz, der noch nie gestimmt hat. Dafür sind Hazzis Schilderungen einerseits ein Beleg, denn sie zeigen uns eine frühere Welt, in der alles bedeutend schlechter war. Es heißt aber auch: In Hazzis Vergangenheit ihrerseits war es noch schlimmer, mit jeder Generation weiter zurück in die Vorzeit wird es noch schlimmer. Die Tagebuchschreiber aus den Großstädten der Italienischen Renaissance,

alles schlechter

Landucci in Florenz oder Infessura in Rom, berichten von ebenso viel Gewalt, von Armut, von Herrschaftsanmaßung und Unterdrückung grellster Art – aber sie berichten darüber als Alltäglichkeit und Selbstverständlichkeit, sie sprechen unaufgeregt, und wenn sie zürnen, dann vom Standpunkt einer Fraktion, nie von dem der Menschlichkeit.

Hazzis Fleiß und Durchhaltekraft

Mir persönlich imponiert es unheimlich und ganz grundsätzlich, wie negativ der Bericht Hazzis ausfällt, wie er nicht und nicht müde wird, den Missstand zu benennen. Als Beschreiber gleicht er einem Anwalt, der immer wieder den gleichen Sachverhalt in unzähligen verschiedenen Fälle durchficht. Dabei ist er ein Organ des Staates, steht als hoher Amtmann auf den Titelseiten der *Statistischen Aufschlüsse*, steigt durch die Verwaltungsämter gar in den Adelsstand auf, der Sohn eines Maurers. Oft genug sind dabei der Auftraggeber der Beobachtung und der Verursacher der beobachteten Katastrophe identisch: Hazzi lässt sich von diesem Umstand nicht bei der Arbeit stören.

Kritik

Dadurch spricht Hazzi mit einer Stimme, die keinerlei Zweifel an ihrer eigenen Legitimität hat und sich willentlich zu Aufrichtigkeit und Wahrheitsliebe verpflichtet. Gleichzeitig würde man auf keiner Seite sagen können, dass Hazzi einen Hehl aus *seiner* Perspektive und *seiner* Einschätzung macht. Die Zahl ist gezählt, aber die Perspektive der Prosapassagen und der *Politischen Verhältnisse* im Besonderen ist offen subjektiv. Auch daher die Legitimität der Kritik. Warum imponiert mir das so? Weil ich das Gegenteil erlebe, dass nämlich der Staat für die guten Nachrichten, für die fix gebuchten Triumphe zuständig ist. Wachstum ist normal, Rekordwachstum, Rekordauslastung, Rekordirgendwas sind gefragt und werden geliefert. So in der Prognose, so im gegenwärtigen Quartal und so auch in der Vergangenheit. Für die gute Nachricht von heute werden unbekannte Strecken Zukunft willig aufgeopfert, siehe Flugtaxi. So exemplarisch die bayerische Staatsregierung. Wenn weiland Horst Seehofer Bayern als »die Vorstufe zum Paradies« bezeichnet (ist das Purgatorium das Ankerzentrum des Paradieses?) und laut csu.de Bayern für »gelebte Tradition, jahrhundertealte Kultur« steht, für »Erfolg, Lebensqualität und Spitzenleistungen«, wie ist das zu verstehen? Wie ist das bei der Lektüre unsrer jahrhundertealten *Realien aus der guten alten Zeit* zu verstehen?

Triumph

gutes altes Paradies

Permanentes Hurra geht mit dem Willen zur Beharrung einher, der sich an der Spitze erhalten will. Wo die Beharrung sitzt, ist schlagartig alles *great again*, ist man auf der Landkarte wieder *stark*; wo Superlativ herrscht, ist keine Veränderung mehr vonnöten. Die alltägliche Katastrophe hingegen, die Joseph von Hazzi beobachtet und mit klaren Worten benennt, will etwas, sie kann eine Bewegung freisetzen. Die schlechte Nachricht, die zu überbringen in der Tat die Pflicht des Staatsdieners ist, ist unlöslich mit der Aufforderung verknüpft, etwas dagegen zu tun. Hazzis Dokumentation spricht die Sprache der Veränderung, verbunden mit dem kühlen Selbstbewusstsein, dass es besser geht.

Was ist Aufklärung?

Aufklärung kann nur ein Prozess sein, eine laufende Anstrengung, eine tägliche und gärtnerische Aufgabe: Freiheiten zu erkennen, wahrzunehmen und zu schützen, Bildung anzuhäufen, umzusetzen und weiterzugeben, den Nächsten zu respektieren, zu unterstützen und herauszufordern – im Grunde kann ich längst sagen *undsoweiter*, denn wir alle wissen doch im Grunde, worum es geht. Die Zustände, die Hazzi beschreibt, finden sich auch heute noch auf dem Planeten, nur eben anderswo. Das Elend, das Hazzi beschreibt, ist nicht nur Vergangenheit: Die Epoche namens Aufklärung hat, überall auf dem Planeten, auch viele salzige Suppen produziert, die wir bis heute auslöffeln. Aber die positive Geisteshaltung namens Aufklärung kann weitergehen, sie ist, immer noch, eher Löffel als Suppe. Ein Löffel, der gebraucht wird. Joseph von Hazzi schreibt für uns aus einer Welt der Dunkelheit. Dennoch ist etwa sein Wunsch, dass »die Mutter Toleranz auch im baierischen Vaterland ein Mal ihren Wohnsitz aufschlüge«[9], heute noch längst keine Selbstverständlichkeit. Ebensowenig wie seine Einschätzung:

sind löffel do, so sind wir fro. (J. Fischart)

> Es gehört auch mit zu den guten Sitten einer Nazion, und gereicht ihr zur Ehre, wenn jeder Fremde als ein Gast angesehen und zuvorkommend und artig behandelt wird, worin sich unsere Väter vorzüglich auszeichneten, und wovon man in Baiern noch auf allen Seiten viele Spuren antrift. Es ist edel und schön, wenn Grenzen nur Länder bezeichnen, der Mensch aber überall nur Freunde und Brüder findet, und überall wie zu Hause ist![10]

9 Über das Gericht Miesbach.

10 Über das Gericht Mainburg und Rottenegg.

Treffen wir von dieser Toleranz und Weltoffenheit heute denn tatsächlich *noch auf allen Seiten viele Spuren an*? Vielmehr sind sie anhaltend Anspruch und Ziel für jeden Einzelnen. Ein tägliches Ziel unserer Regierung ist dergleichen nicht.

Manche Entscheidungen und Routinen stellen sich als Fehler heraus, wenn auch mit unbekannten Folgen, aber doch im Grundsatz absehbar, so etwa das andauernde Verbrennen von Dingen. Es dauert, bis es sich herausstellt und benannt wird, es dauert noch länger, bis sich etwas ändert. Die Aufgabe einer aufgeklärten Regierung ist es, genau zu benennen und kühl zu bearbeiten, anstatt auf Gewohnheit zu beharren; denn alles *ist* in Bewegung und, wie eine Zier unter den Ministern Bayerns, Gustav Landauer, sagt: »Nur wer mit Unbekanntem rechnet, rechnet richtig.« Jede Regierung bedarf eines Hazzi, der den entrückten Regenten die echte, die schlechte Nachricht überbringt, damit das Bekannte das Unbekannte der Urteilskraft ertastbar macht. Dazu gehört nicht Anstand, sondern Aufrichtigkeit, *la vérité, rien que la vérité, toute la vérité.* Ohne sie kann mit Fähigkeiten und Kenntnissen aller Art niemand etwas anfangen.

Landauer

Das bedeutet beständige Anstrengung. Hazzi schreibt über Wildenwart im Chiemgau, dass die Bauern aufbrausen, weil »Graf Preising hier eine neue Schule errichtete« und sie ihren Glauben in Gefahr sahen. Kann man sich nicht sehr leicht vorstellen, wie Kreationisten

Kulturfeinde um 1800

oder sonstige Fanatiker die Schule des Grafen Preising niederbrennen? Man sieht heutzutage sozusagen wieder vermehrt Leute mit Mistgabeln und Fackeln durch die Straßen ziehen. Auch in diese Richtung also gibt es eine Lesart, eine mögliche Perspektive auf unsere *Realien aus der guten alten Zeit*: Ein Schaustück echter Geschichte für jene, die eine glänzende Epoche des deutschen Volkes, hinter die »Vogelschissjahre« zurück, in der Vergangenheit suchen, als noch nicht Migranten, Europa oder Globalisierung den Gang der Dinge hierzulande störten und starke Männer unangefochten die Jahrhunderte hindurch regierten. Ein Lehrbuch über die Konsequenzen von entsprechender Bildungspolitik, von Protektionismus, Konservatismus und Religion, Hierarchie, Autorität und Ungleichheit, von Kleinstaaterei und Staaterei gleichermaßen, *undsoweiter*. Die Lektionen dieses Lehrbuches sollten wir uns zu Herzen nehmen, damit bitte auch in Zukunft früher alles schlechter gewesen sein wird.

Kulturfeinde heute

◊

Editorische Notiz

Das vorliegende Buch liefert eine Auswahl aus den neun Bänden der *Statistischen Aufschlüsse über das Herzogthum Baiern*, in der die Abschnitte *Politische Verhältnisse* versammelt sind. Gericht für Gericht folgen wir der Reihenfolge Hazzis ungekürzt durch die Rentämter München, Burghausen, Straubing und Landshut. Zudem finden sich am Beginn dieser Reise durch das Herzogtum Bayern, nach Art einer erweiterten Einleitung, noch Texte aus dem Ersten Band der *Statistischen*

*Aufschlüsse*, nämlich: die *Vorrede* und die ersten sieben Paragraphen des an dieselbe anschließenden *Ersten Abschnittes*, einer allgemeinen und synoptischen Einführung in das *Herzogthum Baiern* anhand tiefbohrender Stichproben; an die im vorliegenden Buch gebotenen ersten sieben Paragrafen schließen sich im Ersten Band der *Statistischen Aufschlüsse* noch knapp zweihundert Seiten detaillierte geographische, klimatische und meteorologische sowie zoologische und botanische Ausführungen, bevor der Parcours durch die Gerichte der vier Rentämter beginnt.

Die Orthografie der vorliegendn Auswahl wurde sanft modernisiert, um Schwellen und Hindernisse der Lektüre abzubauen. Für manche Worte, die jenseits aller Schreibweisen nicht mehr gebräuchlich und bekannt sind, sei auf das knappe Glossar im Anhang verwiesen.

# STATISTISCHE AUFSCHLÜSSE ÜBER DAS HERZOGTHUM BAIERN

## Politische Verhältnisse

# VORREDE

Das Erwachen der Anatomie im medizinischen Reiche war der Moment, in welchem sich schnell über die ganze Heilkunst Licht verbreitete, und diese Kunst lange nur als empirisch gekannt, zur Wissenschaft emporhob.

Was nun im Reiche der Heilkunde die Anatomie ist, deucht mich in der großen Staatswirtschaftslehre oder Regierungskunst – die *Statistik* zu sein: aber diese liegt noch größtenteils in tiefem Schlafe. Egoisten, Obskuranten, Rechnungsmonopolisten und aller Art Geheimniskrämer verschworen sich gegen ihr Erwachen.

Kommt der junge Staatsmann, den Kopf mit fremden Verfassungen und Gesetzen angefüllt, von Universitäten zurück – wie errötet er nicht bei seiner Einweihung in den Staatsdienst, wo ihn gleich anfangs jeder Vorfall in Verlegenheit setzt! – Und wie schaudert er vor jenen ergrauten Papiermassen zurück, die ihm nur dazu dienen, den mühsam gefundenen Lichtstrahl in neues Dunkel zu hüllen – die einfachste Idee ins Unendliche zu verwickeln! – Und dann die Ehrfurcht, die man ihm für jene unzulängliche Registratur- und Archivsgewölber einprägt, wo so viele Menschen im Schweiße des Angesichts in ungeheuren Aktenstößen herumwühlen! – Kann er sich da noch des Gedankens erwehren, dass nicht dieses zu viele Regieren, welches die Untertanen beinahe schon das Hemde am Leibe kostet, endlich auch ihre Häuser und Scheuren zu Registraturen erfordern möchte?

Ich befand mich nun in gleicher Lage bei meinem Anstande als Geschäftsmann; in einem ebenso verwickelten Labyrinthe. Ohne Aussicht eines Auswegs herumirren zu müssen, war auch das Los, welches mir bevorstand, wenn mich nicht Umstände – vorzüglich die so verwirrten Forstsachen – selbst auf das Land und in die Hütten seiner Bewohner geführt hätten. Hier hatte ich Gelegenheit, der Sache auf den Grund zu gehen; ich stand im Heiligtum der Natur, und es wurde auf einmal Licht vor meinen Augen, wie einem Menschen, dem man die Binde abgenommen hat; – ich sah die echten Quellen, die mir bisher unter den ungeheuern Aktenstößen wie hinter einem undurchdringlichen Bollwerke verborgen lagen oder von Papierstaub getrübt waren; – ich erkannte die vielerlei Gebrechen und Krankheiten des Staats im Grunde ihres Entstehens und fühlte selbst einen Beruf in mir, über mein Vaterland, das dem Ausländer in dieser Hinsicht bisher eine *terra incognita* war, so viel möglich Licht zu verbreiten, und, da die statistische Publizität in andern Ländern seit Kurzem so viele Vorschritte gemacht hatte, die Vorwürfe abzulehnen, die man uns mit Recht über dieses Dunkel machte, und so reifte in mir der Entschluss, alle auf meinen vielen

Geschäftsreisen gemachten Bemerkungen und hie und da erhaltene Behelfe zu sammeln und sie dann als ein Ganzes an Tag zu legen.[1]

Dies war das Entstehen dieser Blätter am Ende des Jahrs 1798. Ich bebte nun selbst bei dem Gedanken an ein so umfassendes Unternehmen zurück: auch konnte ich meiner durch vieljährigen Kanzleistil abgestumpften Feder die Gabe nicht mehr zutrauen, durch Reinheit und Präzision der Sprache ein Werk, das im Reiche der Literatur unter den vortrefflichsten Geistesprodukten unserer Zeit erscheinen soll, gebührend auszustatten: doch dachte ich mir, das Auge des billigen Forschers wird mehr auf das Innere der Sache als auf ihre äußere Hülle sehen; – auch hat bereits das Publikum andere kleine Schriften, die mir der Geist der Zeit abgedrungen hat, nicht nur mit Nachsicht, sondern selbst mit Beifall aufgenommen. Dies machte mir nun neuen Mut, diese Schrift dem strengen Blicke der Kritik vorzulegen, von der ich jede gründliche und bescheidene Zurechtweisung mit dem lebhaftesten Danke annehmen werde, weil ich mich dadurch in Stand gesetzt glaube, meine Fehler im zweiten oder dritten Bande (denn mit drei oder höchstens vier Bänden hoffe ich das Ganze zu enden) wiedergutzumachen.

1 Kaum entdeckte ich so manchem aufgeklärten Vaterlandsfreunde mein Unternehmen, und man bot mir von allen Seiten mit den schönsten Beiträgen die Hände: Sobald es mir erlaubt sein wird, sollen diese Namen mit öffentlichen Danke bekannt gemacht werden.

Unbekannt sollte auch hier wie bei meinen andern Schriften der Verfasser bleiben, um sich so manche Misshelligkeit zu ersparen, und dem so sehr voreilenden Vorurteile auszuweichen: allein es waren schon mehrere Bogen gedruckt, als man mich aufforderte, dem Werke meinen Namen vorzusetzen. Die unterdessen in Baiern eingetretene neue Regierung, welche mit dem besten Willen sich an den Genius der Zeit anzuschließen gedenkt, ließ mich nun auch hierüber nichts mehr befürchten; ich gab daher diesem Andringen nach, und so erwarte ich mit offner Stirne jedes Urteil, das über diese Schrift und ihren Verfasser gefällt werden mag.

München, den 12ten März 1801.
Der Verfasser.

# ALLGEMEINE EINLEITUNG: ERSTER ABSCHNITT

## §1
## Baierns Größe, Grenzen und Einteilung

Wenn hier bloß von *Baiern* die Rede ist, so muss man keineswegs den baierischen Kreis darunter verstehen. Die Einteilung in Kreise hat bloß auf Deutschland Bezug: denn unter dem *baierischen Kreise* begreift man mehrere Länder, welche einen Flächeninnhalt von 1034 Quadratmeilen einnehmen; diese gehören, wenn nicht ganz, doch gegenwärtig größtenteils zu Baiern. Ohne sich in diese Zergliederung einzulassen, bemerke ich hier nur, dass gegenwärtig unter Baiern bloß das Herzogtum Ober- und Niederbaiern verstanden wird; ja man schließt sogar die Pfalzen, die im baierischen Staatskörper liegenden fremden Gebiete, wie z. B. Freising und mehrere gänzlich aus. Nach verschiedenen Epochen hatte wirklich Baiern immer eine größere Ausdehnung oder Verbindung mit Nebenländern, ja es war der größte deutsche Staat. – Die erste merkwürdige Epoche fällt ins Jahr 555 nach Christi Geburt. Unter der Regierung *Garibalds* erstreckte sich die Grenze von dem Lech bis an die Enz, und die an derselben und dem Fluss Mur sich umgehende Gebirgskette, von der *Donau* bis an den Fluss *Nosins* (heutzutage *Noce* in Welschland). Es war also dazumal nicht nur das jetzige eigentliche Baiern, sondern auch ein ansehnlicher Teil von Österreich und Steiermark mitbegriffen.

Als Baiern noch jene merkwürdige Ausdehnung hatte, waren seine Nachbarn gegen Morgen die *Slawen*, gegen Abend die *Alemannen*, die *Langobarden* gegen Süden, und die *Thüringer* gegen Norden. Im siebenden Jahrhundert erweiterte Herzog *Theodor der Zweite* Baierns Grenze auch *jenseits* der Donau, indem er einem beträchtlichen Teil von Türingen seinen Ländern einverleibte. Von der Zeit an wurde das diesseits der Donau gelegene Land das *Südgau*, das jenseitige aber *Nordgau* genannt, welcher Name erst später in den der Oberpfalz verändert wurde, gegenwärtig nur noch einem Teile des Herzogtums Neuburg gegeben wird.

Ebendieser Herzog schenkte dem ehemaligen Bischof zu Worms, *Rupertus*, einen Strich Landes vom jetzigen Salzburg, wodurch sich dieses zu bilden anfing. Herzog *Thasilo der Zweite* eroberte das Herzogtum Kärnten, und *Karl der Große* dehnte die Grenzen Baierns anfangs bis an die *Naab* in Ungarn und bis *Friaul* in *Istrien*, dann aber selbst bis zum Zusammenfluss der *Sau* und *Donau* aus. Unter seinen Nachfolgern wurden aber diese Grenzen durch die Einfälle der *Hunnen* und mehrerer wieder beschränkt. Im Jahre 951 eroberte Herzog *Heinrich der Erste* die Markgrafschaft *Verona* und *Aquileia*, doch wurden sowohl diese Provinzen als auch das Herzogtum Kärnten im Jahre 995 von Baiern wieder getrennt. – Noch einen größern Verlust litten die baierischen Lande 1057, wo der männliche Stamm der nordbaierischen Markgrafen zu Schweinfurt aus dem Hause

Babenberg, die also bisher das große und weitschichtige Nordgau besaßen, ausstarb, und durch die geschehenen Teilungen ein vorzüglicher Teil verlorenging; und den Grafen von Vohburg, der die dritte Tochter des verstorbenen Markgrafen *Otto* zur Ehe hatte, traf von dieser Herrschaft nichts als die Herrschaft *Neumark* und die Grafschaft *Cham* an der böhmischen Grenze, welche die heutige Oberpfalz größtenteils ausmachen. Unter *Heinrich dem Zehnten* 1126 waren die wichtigsten Länder mit Baiern vereint, als: die *Mathildischen Güter*, das ist ein Teil von Mantua, Parma und mehrere des Herzogtums Toskana in Italien, und *Sachsen*, welches dazumal bis an Dänemark und den Belt reichte, das Ganze sich also vom Mittelländischen Meere bis an die Ostsee erstreckte; diese Größe aber erregte viele Eifersucht, und es verlor sich wieder ein Teil nach dem andern, sodass diesen welschen Herzogen selbst Baiern abgenommen wurde. Die Markgrafschaft Ostbaiern wurde 1156 vom Stammreiche getrennt und unter dem Namen Österreich zu einem eigenen Herzogtum erhoben. Als daher 1180 *Otto der Fünfte* Baiern erhielt und der Stammvater der heutigen Landesherrschaft in Baiern wurde, waren die Grenzen schon sehr enge. Gegen Osten erstreckten sie sich bis an den Wald *Solath* und das *rothe Moos* im Gericht *Schärding*, gegen Westen bis an den *Lech*, gegen Süden schlossen sie noch einen großen Teil von Tirol ein, und gegen Morden endeten sie sich mit der schon gemeldeten Markgrafschaft Cham und der Herrschaft Neumarkt. Nebenbei hatten sich damals mehrere Städte, Bistümer, Grafen und Herren von dem baierischen Gesamtkörper losgerissen, wie Regensburg, Freising etc., die Grafen von Bogen, Andechs; die Lande vom Letztern wurden aber nach ihrem Aussterben als Lehne durch Kauf oder Erbschaft wieder zum Mutterlande gebracht. – 1214 kam die *Pfalz* am *Rhein* zu Baiern, bis sie 1329 durch den Teilungsvertrag zwischen Kaiser *Ludwig* und den Söhnen seines Bruders *Rudolph* bloß dieser letzteren Linie blieb.

1263 brachte die *Conradinische* Erbschaft verschiedene ansehnliche Stücke von Schwaben und Franken an Baiern, worunter von Erstern Schongau, Donauwörth, Schwabeck, und von Letzteren Nördlingen, Vilseck etc. die merkwürdigsten waren. *Ludwig der Kaiser* verband die Provinzen Seeland, Holland, Hennegau und Friesland mit Baiern, er belehnte auch seinen ältern Sohn mit der Markgrafschaft Brandenburg und brachte Tirol wieder zu Baiern, welche Länder aber bis auf die Ämter Kitzbühel, Rattenberg und Kufstein unter seinen Söhnen wieder verloren gingen, doch kamen statt Brandenburg einige Distrikte, die jetzt größtenteils das Herzogtum Sulzbach bilden, wieder zu Baiern. Durch den baierischen Familienkrieg bei der Erbschaft *Georg des Reichen von Landshut* erhielt Österreich 1507 obige Reste von Tirol, nämlich die drei Ämter. Auch erhielt Nürnberg zu dieser Zeit einige Ämter.

1620 bekam *Maximilian der Erste* das Land ob der Enz, welches ihm aber 1628 wieder abgenommen wurde. 1777 vereinigte sich die Rheinpfalz und mehrere Nebenländer, als Neuburg, Sulzbach, die Herzogtümer Jülich und Berg, das Marquisat Bergopzom, die Grafschaft

Ravenstein und andere Herrschaften mit Baiern, mit welchen sonst nur die Oberpfalz noch verbunden war. – Zugleich wurde aber jetzt durch den Teschner Frieden 1778 das zwischen der Donau, dem Inn und der Salza gelegene Stück Land, oder das sogenannte *Innviertel*, von sieben Gerichtsbarkeiten an Österreich überlassen. Auf diese Weise wurde also Baiern in den Stand gebracht, in welchem es gegenwärtig ist.

### §2
### Politische Grenze

Baiern, nach all diesen Abrissen, jedoch mit Ausschuss der Pfalzen, grenzt also jetzt gegen Norden an Franken, Pfalzneuburg, die obere Pfalz; gegen Morgen an Böhmen, das Stift Passau, das Innviertel; gegen Mittag an Tirol, die Grafschaft Werdenfels, Salzburg, Berchtesgaden; gegen Abend an Schwaben und Franken.

### §3
### Natürliche Grenzen

Baiern hat beinahe keine natürlichen Grenzen, sondern ist als ein offenes Land zu betrachten, und hat in militärischer Hinsicht sogar den Fehler, dass alle jenseitigen Ufer der Flüsse die diesseitige beherrschen können.

Gegen Westen macht zwar zum Teil der Lech eine natürliche Grenze sowie gegen Osten zum Teil der Inn – auch hat es gegen Nordost und Süden zwei Hauptgebirge.

Das gegen Nordost ist ein Teil des berühmten Böhmerwalds oder jener Bergkette, die als Fortsetzung des Harzwaldes bekannt ist und sich von dem merkwürdigen Fichtelberg durch Franken erstreckt, auf diese Art mit allen Gebirgen Deutschlands in Verbindung steht. Dieser Gebirgsteil gegen Morgen ist ein wahres Urgebirg, aus Granit und Gneis bestehend. Das Gebirge gegen Süden hingegen ist ein bloßes Flötzgebirg aus Kalksteinen gebildet und gehört zu den Salzburger und Tiroler Gebirgen, zu den Alpen, oder sie sind vielmehr bloß die Vorgebirge davon. Bei beiden Gebirgen ist die Grenze so ziemlich nach dem Gefälle gezogen, nur führt bei Letztern selbe auch in einen baierischen Hauptfluss, nämlich nach dem Inn.

## §4
## Größe Baierns

In Ansehung der Größe oder dem Flächeninhalte des Landes herrscht die größte Verschiedenheit, die sich auf die mannigfaltige Karten- und Landesbeschreibungen gründet. Die neuesten Angaben sind nach *Westenrieder* zu 576 Quadratmeilen: allein hier herrscht noch große Unbestimmtheit, weil man nicht weiß, was darunter alles begriffen wird. Zudem fehlt es überhaupt an ganz richtigen Karten. Man findet deren

a) In den Annalen *Ecclesiae sabionensis nunc brixensis*, von Joseph Resch, Tom. I. p. 324 unter der Aufschrift: *Rehetiae Vindeliciae et Norici, aevo Romanorum pro primis quinque a Christo nato saeculis.*

b) In *Chronico Gottwicensie parte secunda.*
c) Im Buch *Vindiciae arboris genealogicae augustae gentis Carolino boicae Monachii* MDCCXXX. p. 165. unter dem Titel: *Priscae Bojoariae Explicatio per numeros in Charta geographica hinc inde sparsus facta in solatium lectoris, cui forte antiqua nomina ignota, vel Authores ad manum non fiunt.*

Die erste baierische Landkarte von spätern Zeiten hat der berühmte Johann Thormair oder Aventin im Jahre 1533 zu Landshut herausgegeben und den dreien Söhnen Herzog Alberts zugeeignet: *Clarissimis ac optimis principibus Wilhelmio Ludovico et Ernesto, fratribus germanis praefectis praetorio Rhenano.* In den ersten Ausgaben des *Theatri Abrah. Ortellii* findet man diese Karte ebenfalls. Die Mängel, welche in der Versetzung aller Ortschaften öfter darin vorkommen, sind bekannt. So hat z. B. Aventin das *Augusta Vindelicorum* nach Wolfratshausen versetzt.

Eine weit verständigere Karte gab Philipp Appianus, Professor der Mathesis zu Ingolstadt, auf Befehl des Herzog Albrecht des Fünften heraus; er reiste zu diesem Ende, von der Unterstützung des Landesherrn aufgemuntert, viele Jahre in Baiern herum und lieferte die erste Karte in einem Original, das 16 ½ Schuh in der Breite und etwas mehr in der Höhe hielt. Diesem folgte im Jahre 1561 eine kleinere, und im Jahre 1568 eine größere Karte, welche in 24 Stücken besteht. Bald hernach gab Petrus Weinerus von Waradin eine Karte vom

Baierlande in großem Format heraus, welche er ebenfalls dem Herzog Albert dedizierte. Sie ist eine verbesserte Kopie der Appianischen Karten, wie sie ebenfalls aus 24 Blättern bestehet, deren Originale hier in München noch vorhanden sind. Nun folgten verschiedene sogenannte Atlas, als von Kischer, Homann, Sansen Blavii, Fried. de Wit, Pet. Schenk, Matthias Sauter. So erschienen auch in kleinern Format und Handzeichnungen verschiedene Karten, als von Dominikus Franz Calini de St. Cruce aus der Grafschaft Görz, welche noch in der Bibliothek aufbewahrt wird, dann von Joseph Friedrich Leopold von Augsburg unter der Aufschrift: *Electoratus Bavariae compendiosa et accurata delineatio.*

Eine weitere Karte enthält die *Topographia Bavaria* oder Beschreibung und eigentliche Abbildung der vornehmsten Städte und Orte in Ober- und Niederbaiern, der Oberpfalz und andern zum hochlöblichen baierischen Kreise gehörigen Landschaften; zum Druck gegeben und verlegt durch Matthäum Merian MDCXIIV. Eine kleinere Karte findet man in dem Kurbaierischen Atlas von Anton Wilhelmo Ertl MDCLXXXVII. Im Jahre 1684 erschien die Karte von Georg Philipp Finck, welche in 28 Tabellen verfasst und dem Churfürsten Max Emanuel dediziert ist. In dieser Finckischen Karte ist die Appianische verbessert, indem darin auch die Oberpfalz angebracht, eine Menge neue Ortschaften hinzugesetzt und am Ende ein sehr nützliches Register angeheftet ist. Im folgenden Jahr erschien ein Tabellenbüchlein über die sämtliche, den baierischen Kreisständen zugehörigen

Territoria durch den Kurbaierischen Hofratssekretär Georg Philipp Finck, München 1685, worin wieder eine Karte von Kurbaiern zu ersehen ist. In dem weitläufigen Werk *Historia Topographia descriptio* von Michael Wening Kurfürstlichen Portier und Kupferstecher, München MDCCI befindet sich ebenfalls eine etwas größere Karte.

Unterdessen haben alle diese Karten bloß die Appianische zur Grundlage und wesentliche Fehler. –

Es hat zwar die Akademie der Wissenschaften in München diesen Unrichtigkeiten abhelfen wollen, und zwar durch eine 1766 verbesserte Karte unter dem Titel: *Ducatus Bojoariae universae atque superioris palatinatus delineatio ad justas projectionis stereographicae regulas jussu academiae scientiarum boicae revocata stylo T. Conr. Lotteri Geog. Aug. Vind.* Allein eine einzelne Revision, wie hier nun geschah, nämlich um den richtigen Standpunkt von München zu bestimmen, reicht nicht zu, um eine Karte zu *rektifizieren*. In neuern Zeiten ist auch hierüber nichts weiter vorgenommen worden als einzelne Vermessungen. Unter diese wichtigere gehören die des Herrn Adrian von Riedels, worüber er auch einen baierischen Atlas bereits herausgab und auch wirklich an einer neuen Hauptkarte Baierns arbeitet. Eine kleine artige Karte ist auch über den Prospekt von Peißenberg vorhanden, und so über verschiedene Teile. So hat z. B. auch Herr Hofkammerrat Flurl eine schöne Karte seinem Buch über die baierischen Gebirgsreisen beigefügt. Zu gegenwärtigem Unternehmen wurden nun mehrere neuere Aufnahmen ganzer Landesstrecken benützt, um sowohl in Ansehung der verschiedenen Maßstäbe als in Vergleichung der Verhältnisse der neuen mit den alten Distanzen ein und andere Verbesserung anzubringen und die beigeheftе Karte herzustellen: sie dienet wenigstens zu gegenwärtig statistischem Gebrauch und enthält auch nur die Abscheidung der verschiedenen Rentämter und Gerichte, Flüsse, Gebirge, Straßen, Städte und Märkte, und aus Mangel des Bessern muss man auch mit dem Unvollkommnern sich befriedigen. – Freilich sollte dies die wichtigste Regierungssorge sein, eine gute Landeskarte herzustellen; an fähigen Männern würde es dazu nicht fehlen, nur an der Unterstützung: allein man hat hierüber bisher so schiefe Grundsätze gehegt, dass man ein solch wichtiges Unternehmen eher zu hindern als gehörig zu befördern dächte. Nach dieser Karte und Berechnungen wirft sich nun mit Ausschluss aller fremder Territorien und den schwäbischen Herrschaften für das dermalige Herzogtum Baiern kein anderer Flächeninhalt heraus als zu 514,6 Quadratmeilen.

## §5
## Baierns geografische Lage

Da hier richtige astronomische Bestimmungen fehlen, so können nur unvollkommene Beiträge geliefert werden. –

Nach obigen Berichtigungen der kurfürstlichen Akademie und neuern Berechnungen hat München zur geografischen Breite 48°8′5″ und zur Länge 29°13′30″ – Augsburg liegt in der Breite von 48°21′41″ L. 28°13′30″ – Ingolstadt 48°45′45″ L. 29°4′38″ – Regensburg 48°59′. – In der Beschreibung des Peißenbergs wird auch von diesem Standpunkte aus die geografische Breite zu 47° und 47′, und die Länge zu 28°34′ angegeben, wenn die Länge der Sternwarte zu Paris 20°0′ ist; – der Zeitunterschied zwischen Paris und Peißenberg ist eben da auf 35′30″ angesetzt. Nach diesen Standpunkten fiele nun Baiern beiläufig in folgende geografische Lage: nämlich in die Breite zwischen 47°32′ und 49°20′, und der Länge nach zwischen 28°10′ und 31°20′. –

## §6
## Einteilung Baierns

Die älteste Einteilung Baierns war, wie die der meisten deutschen Länder in Gaue, die dann Hauptgaue, als Nord- und Südgaue oder untergeordnete Gauen hießen. Da die ersten Ansiedlungen mehrenteils nach den Flüssen zu geschahen, so wurden auch die Gauen meist nach den Flüssen und Seen eingerichtet, und auch die Namen davon entlehnt. Z. B. Ammergau, zwischen den Flüssen der Amper, Ammer (*Ampria*, *Ammera*) und Loisach, Huosi (Husin) zwischen der Amper und Isar, Housi, Ugeshone, Usen etc. am Fluss Glonn, Salzgonne, Salzburghonne, Pinzgau, Pongau, welche drei Gaue das heutige Salzburger Land ausmachen. – Der Salzgau hatte auch zwei untergeordnete Gaue, als Chiemgau an dem Chiemsee und Thrunnalgau an der Traun. Vilsgau an der Vils bis zur Donau. Tunkgau oder Dongau Donaugau an der Donau, der Abens und Pfatter zu. Isangau an dem Fluss Isen an der Alzach und Salzach zu. Guinzingau an den beiden Ufern der Donau zwischen der Isar und Fils, Rothagau an dem Fluss Roth. Schüneinachgau zwischen der Donau und Regen bis an dem Ort, wo die Fils in die Donau sich ergießt. Trungau an der Traun (*Venusta Vallis*), von dem Ursprung der Etsch bis an Potzen, heut das Etschland genannt. Westergau zwischen den Flüssen Sempt und Isar.[2] Bekanntlich entstanden in der Folge der Zeit aus den Gauen – Grafschaften, welche bald erblich, bald heimfällig, und mehr oder weniger unter sich abhängig waren, bis ihre Besitzer im 11. und 12. Jahrhundert sich solche erblich zu machen wussten und den meisten derselben die Namen von den Festen und Burgschlössern beilegten; daher erwuchsen dann hieraus die verschiedenen Einteilungen und Benennungen. Eine Hauptlande-Einteilung ergab sich aber 1255, wo sich die zwei Söhne *Otto des Erlauchten*, *Ludwig* und *Heinrich* in Ober- und Niederbaiern etc. abteilten, weswegen seither Baiern sich in Ober- und Niederbaiern teilt. – Unterdessen geschahen unter dem nachfolgenden Regenten immer mehrere Abteilungen, wovon auch die verschiedenen Hauptstädte als ihre Residenzorte, München, Straubing, Landshut, Burghausen, Ingolstadt, sich herleiten; – und wie nach und nach die mehreren Gefälle-Erhebungen eintraten, entstanden hierfür besondere Ämter, die von ihrem Geschäfte, die Renten, Gefälle einzubringen,

---

**2** Ausführlichere Nachrichten findet man hierüber in dem Chronico Gottwicensi, in der historischen Untersuchung der Grenzen, Gauen und Ortschaften des Herzogtums Baierns von Beda. *Appell. acad. obs. 7 3.*

auch den Namen erhielten, und so gab es das Rentamt München, Rentamt Straubing, Rentamt Burghausen, Rentamt Landshut, und bis zur Stunde dauern diese Benennungen und bilden die Hauptabteilung des Landes in vier Rentämter[3], nämlich Rentamt *München*, Rentamt *Burghausen*, Rentamt *Straubing*, Rentamt *Landshut*, wovon die Erstern zwei zu Oberbaiern, und die Letztern zwei zu Niederbaiern gerechnet werden.

## §7
## Einteilung der Rentämter

Nach der baierischen Geschichte hatten die Baiern wie alle ersten Völker eine bloße kriegerische Verfassung, die sich bloß bei einem solchen kriegerischen Auszuge einen Oberherrn erwählten, daher (Herzug) Herzog. – Unterdessen erhielten die Baiern, während sie von den Römern beherrscht wurden, auch eine Art ständischer, kriegerischer Verfassung. – Es wurde das Land in Gaue, zuzeiten auch Täler wie Inntal, Norital etc. eingeteilt, über jedem solchem Gau wurde gleich als ein General über ein Regiment ein Gaugraf (*Comes*) aufgestellt; weil dieser General die ganze Schar Krieger, welche in einem ganzen Gau beisammen waren, allein nicht übersehen konnte, so hatte er die Anweisung über hundert Mann allezeit einen Unterfeldherrn oder Hauptmann, welcher *Centenarius* hieß, zu stellen, und diese hundert weiter in

---

3 Freilich klingt diese Einteilung nicht ganz gut, man könnte denken, es läge der Regierung bloß daran, von dem Lande Gefälle zu ziehen.

einzelne Glieder dergestalt abzuteilen, dass zehn Mann ein Glied ausmachten, über welches ein zehnter, *Decanus*, genau gestellet war. – Der oberste Feldherr war dann der Herzug (Herzog). Die verschiedenen Einfälle der benachbarten oder fremden Völkerhorden machten bald eigene Grenz- oder Markwächter notwendig, das ist: man stellte eigene Markgrafen auf. Es wurde diesem Gaugrafen auch bald nachher, als mehr gesellschaftliche Verbindung und Gesetze eintraten, selbst die richterliche Gewalt beigelegt. Durch die vielen kriegerischen Einfälle unter der Schwäche der Karolinger und ihrer Nachfolger schlich sich bald eine volle Eigenmächtigkeit von diesen Gaugrafen und untergeordneten Beamten ein, sie machten wie die Herzoge ihre Ämter auf ihre Familien erblich, legten so den Grund zu dem Adel und Faustrecht, und schrieben sich so von ihren Festen und Burgen. Wie durch den Landfrieden wieder mehr Ordnung und Verbindung in der Gesellschaft entstand, blieben zwar die Gaugrafen in dem Besitz ihrer Grafschaften, stellten aber selbst Beamte auf. Die übrigen ehemaligen Unterbeamten rissen aber auch unter dem Namen des heutigen niedern Adels die *Jurisdiktion* unter verschiedenen Titeln zu ihren Gütern anklebend an sich, und wie also teils durch Mitbelehnungen und Aussterben oder Kauf so anders obige Grafschaften nach und nach der Landesherrschaft zufielen, blieben auch die Beamten für jede solche Grafschaft oder jede solche Verwaltung abgesondert, sodass also gegenwärtig die sogenannte Pfleg- oder Landgerichter meist bloß diese alten Grafschaften waren; und in solche verschiedenen

Pfleg- und Landgerichte, welche beide Namen ohne Unterschied eines ausmachen, wird also noch jetzt jedes der 4 Rentämter abgeteilt, wozu dann die verschiedenen *Jurisdiktionen* des obig erwähnten niedern Adels, der Klöster, Städte und Märkte einverleibt sind. Jedoch kommen einige solche adeligen *Jurisdiktionen* oder Güter als Herrschaften vor, die mit obigen landesherrlichen Pfleggerichten, dass nämlich der Beamte auch Pfleger heißt, auch den Blutbann ausübet, und das Quantum der treffenden Gefälle selbst zu den landesherrlichen Kassen eingeschickt wird, gleiche Eigenschaften haben; daher, um die verschiedene Namen zu vermeiden, kann man allgemein angeben, dass jedes Rentamt in mehrere Gerichte abgeteilt und auf diese Art verbunden das Ganze dirigiert wurde.

# RENT-AMT MÜN-CHEN

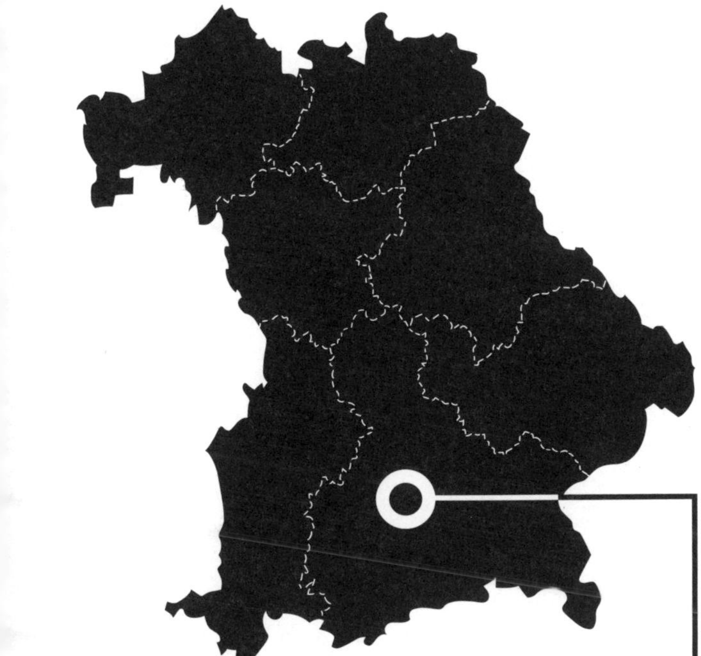
MÜNCHEN

## GERICHT AUERBURG

Die Schule, die ehedem die 4 Klausner besorgten, ist ganz vernachlässigt, mit keinen ordentlichen Männern besetzt und wird auch nicht besucht. Eine ebenso große Fahrlässigkeit herrscht auch in den Gesundheits- und andern öffentlichen Anstalten. Mit dem Bader hat es das nämliche Verhältnis wie mit dem Schullehrer. Die Apotheke der Karmeliter ist der einzige Zufluchtsort für die Kranken, die den Quacksalbereien der Mönche überlassen sind. An Kirchen, Kapellen, Bruderschaften, Bildern auf allen Seiten, Andachten, verlobten Ämtern, Feiertagen, Kreuzgängen, Messen und Ablässen fehlt es nicht. Das Kind in der Wiege wird von den Karmelitern schon mit einem Skapulier behangen, von welchem sich kein Bewohner, so lang er lebt, mehr trennt. Über das Kirchenvermögen wird eine eigene Übersicht folgen.

Neben den Landesabgaben haben die Untertanen die grundherrliche zu bestreiten, (welche letztere von den kurfürstlichen die Kastenamtseinnahmen ausmachen und jährlich in Geldstiften, Laudemien und Getreidlieferungen bestehen), ferner den Zehenden, wozu noch die verschiedenen Einsammlungen von Geistlichen und Weltlichen kommen. Das Verhältnis der verschiedenen Grund- oder Kastenamtsuntertanen legt das angefügte Verzeichnis an Tag.

Unterdessen stehen die Leute, besonders am Gebirg, doch nicht schlecht und geben 12- bis 1500 Gulden Heiratsgut, wohl auch noch mehr. Die allgemeine Klage entsteht nur wegen Mangel an Dienstboten, woran die geringe Bevölkerung schuld ist, welche aus der Populationsliste zu ersehen ist, die eigentlich noch geringer wäre, wenn nicht das ganze Personal der Tirolischen Eisenschmelz mit auf die Liste gebracht worden wäre. Einen üblen Kontrast bildet zu diesem Volksmangel die Ehe. Es ist oben schon gesagt worden, dass die meisten Gutsbesitzer ledigen Standes bleiben. Man kann für jedes Jahr im Durchschnitt nur 4–6, höchstens 8 Verheiratungen annehmen.

Die Erziehungsanstalten sind sehr schlecht, denn die Schulen, deren es mehrere gibt, werden teils nicht besucht, teils sind sie auch nicht im Stande, einen ordentlichen Schullehrer zu erhalten, weil sich dieser bloß von den Schulkreuzern der Kinder nähren soll und andere Unterstützungen fehlen.

Das Kloster Weyarn[4] hat zwar ein eignes Seminarium von 40 bis 100 Studenten, die in den ersten sechs Schulen unterrichtet werden, allein darüber ließe sich vieles sprechen; genug dass aus ihnen sich meist bloß Rekruten für die Kloster bilden, und da die Geistlichen ihre Zeit meistens mit kirchlichen Verrichtungen vergeuden, in den übrigen wissenschaftlichen Fächern keine Fortschritte geschehen. Der einzige Albert Kirchmeier ist so ziemlich mit einer auserlesenen Bibliothek versehen und ein aufgeklärter Mann. Selbst die Ökonomie des Klosters, dessen innere Haushaltung eben nicht auf Reinlichkeit Anspruch zu machen hat, ist wie beinah

4 Dieses alte von Tuff erbaute Kloster, in dem weiter nichts Merkwürdiges zu sehen ist als der schöne Saal, wo die vortrefflichen Landschaften des Reichs prangen, stiftete im Jahr 1133 Sigebothes Graf von Falkenstein, der hier ein festes Schloss und von seinen Weingütern in Tirol und Österreich eine große Weinniederlage hatte. Daher soll der erste Name Weinhar, vinaria superioris Bavariae preafectura herrühren. Schon die erste Stiftung geschah für regulierte Chorherrn St. Augustini, die jetzt das Kloster im Besitz haben.

in allen Klöstern schlecht bestellt. Der Feldbau wird hier mit Ochsen betrieben und auch Hopfen gebaut. Das Einzige, was diesem Kloster noch Ehre macht, ist, dass es eine gute deutsche Schule unterhält.

In Beiharding[5], das beinahe von Sumpf umgeben ist, werden bloß einige sogenannte Singknaben gehalten, außerdem sieht es hier mit der Kultur wie in Weyarn aus. Die größte Beschäftigung des Klosters macht die nahe Hauptwallfahrt Tuntenhausen aus, wohin in ältern Zeiten auch die Baierschen Herzoge wallfahrteten, deren Aufenthaltsort man noch heutigen Tages im Kloster zeigt. Solche Wallfahrtskirchen und Andachten sind nebenbei noch zu Högling, wo die Geistlichen von Weyarn ein Hospizium haben; dann zu Wilparting, Helfendorf, zum heiligen Blut am Wasen; überdies wird auch viel auf den Irschenberg und selbst zur Kapelle auf dem hohen Wendelstein gewallfahrtet. Auf allen Seiten sieht man Gemälde, Tafeln und Figuren von Heiligen, und Brüderschaften gibt es auch hier in Menge; die vorzüglichsten sind St. Monika oder der lederne Gürtel zu Au, *corporis Christi* zu Götting und zu Niklasreuth, aller Seelenbrüderschaft zu Ellbach etc. etc. So arm im Ganzen die Leute sind, so tragen sie doch die wenigen Pfennige in diese geistlichen Opferstöcke, weil sie durch die schon vorhandnen und noch immer

5 Dieses Kloster soll zu seinen Stiftern im Jahr 1130 eine gewisse Judith und ihren Bruder Megingozus aus unbekanntem Geschlecht haben. Erstere versah mit ihren sieben Töchtern alle ämtlichen Verrichtungen, und dadurch entstand zuerst ein Frauenkloster. Nachher kamen diese Klosterfrauen nach Altenhohenau und die Canonici regulares wurden hierher berufen.

von allen Seiten herbeiströmenden Priester und Bettelmönche genug dazu angefeuert und so im Aberglauben erhalten werden.

Andere wohltätige Stiftungen und selbst Gesundheitsanstalten mangeln ganz. Mit den einzelnen Badern geht es wie mit den Schullehrern. Doktoren der Arzneikunde sind nirgends anzutreffen; ihre Stelle vertreten Geistliche, alte Weiber oder Abdecker (Schinder genannt)!

Aus gleichen Ursachen ist auch die Landeskultur sehr zurück, und die vielen Feiertage, Andächteleien, Haltung auf alte Vorurteile, selbst die vielen Nebenarbeiten, die undankbaren Bemühungen verriegeln jedem Kultursvorschlag die Tür. Im Jahr 1723 und 1724, auch später hin wurden zwar von der Hofkammer mehrere Holz-, Filz- und Weidgründe auf Erbrecht verkauft, allein sie sind nicht kultiviert, oder wieder zur Weide liegen geblieben. So findet sich z. B. zwischen Tettendorf und Berbling ein großer Platz, der durch einige Gräben ganz trockengelegt wurde, aber jetzt bloß wieder zur Weide benutzt wird. Überdies haben die dermaligen Gutsbesitzer meistens ohnehin zu viele Gründe. Unterdessen ist doch in neuern Zeiten zu Grünbach eine glückliche Kultur und kleine Kolonie entstanden, und die obigen Ausgleichungen mögen dem Ganzen eine andere Wendung geben! Auch der Pfarrer Cossardi zu Götting nimmt sich auf das Eifrigste solcher Kultursuntersuchungen an. Nicht minder große Fortschritte haben die Peißer mit ihrer Gemeindeabteilung gemacht, und unter ihnen verdient der dasige Postmeister volle

Aufmerksamkeit. Man liest im Münchner Intelligenzblatt XIII. Stück folgende Beschreibung von ihm, die auch hier eine Stelle verdient:

»Wenn der Staat seinen Reichtum, seine Höhe nur durch Kultur des Landes erreicht, so muss ihm alles daran liegen, jene kennenzulernen, die sich hierin Verdienste sammeln; und wenn sich hierunter selbst solche gemeine Landesuntertanen finden, die wirklich Hand ans Werk legen, mit eigner Mühe, ohne anderer Unterstützung, alle Schwierigkeiten überstiegen haben, und jetzt von ihrem Unternehmen schon die beträchtlichsten Früchte einernten, so muss die Aufmerksamkeit des Staates nur noch mehr darauf gespannt sein, und ihr Name kann unter den würdigen Männern ihres Vaterlandes nicht weniger prangen.

In diese Klasse gehört sicher *Franz Estermann*, Wirt und Posthalter zu Peiß, 6 Stunden von München. Mit wahrem Vergnügen verweilt man in diesem Wirtshause; da gibt es nichts als ökonomische Unterredungen und Vorschläge; statt anderer veralteten Bücher trifft man hier nur ökonomische und neuere gute Schriften an, und alles ist beseelt vom Kultursgeiste. Mancher noch so von Vorurteilen vollgepropfte und hartnäckige Nachbar hat sich schon bekehrt und fühlt die Schwäche, der guten Sache sich länger entgegensträuben zu können. Dieses macht aber, weil alles nicht bloß geredet, projektiert und gelesen, sondern zugleich ausgeführt wird.

*Estermann* hatte am Ersten begriffen, dass seinem Ökonomiegute die größten Nachteile dadurch zugehen, weil die Gründe zu zerstreut und entfernt entlegen wären; folglich verlor sich dadurch zu viel Zeit; ein Hauptumstand der ökonomischen Kalkulation! –

Ferner waren große Hindernisse im Wege, um ein wahres Verhältnis zwischen Feld- und Wieswachs zu bezwecken, und die Stallfütterung einzuführen. Man musste sich überall nach dem Ganzen richten, weil die Weideschaft gemeinschaftlich ist, sohin ein Einzelner sich aus diesem ganzen Joch nicht reißen konnte. Es blieb kein anderes Mittel übrig, als zu arrondieren. Wer alle diese Schwierigkeiten kennen will, muss in unsrer Verfassung unterrichtet sein, wo beinahe jeder Grund, einen andern Grund-, Jurisdiktions- und Zehendherrn hat; bis man nun allen diesen ihre Anstände hebt und sie zu gemeinschaftlicher Einwilligung vermag, o! das kostet Mühe, Zeit und Ärger! – Schaudern möchte einem dabei, der nur in einem kleinen Fall jemals die Erfahrung sammelte.

*Estermann* überstieg bereits größtenteils die sich ihm entgegensträubenden Hindernisse mit unglaublicher Standhaftigkeit, jedoch musste er den dritten Teil des Werts teils in Gründen, teils in Gelde aufopfern. Doch ist das frohe Bewusstsein auf seiner Stirne zu lesen, wenn er so den Plan vor sich hat und jedermann zeigt: ›Seht von meinem Haus und Garten an und beinahe so weit, als auf dieser Seite das Aug reicht, sind in einem fort meine Gründe, der Lohn meines ausdauernden Fleißes. Eine Menge Zäune, welche immer kostbarer werden, sind nun vermieden; meine Felder teile ich nun nach Willkür ein und lasse für Futterkräuter so viel Raum, dass ich nun schon nicht mehr nötig habe, meine Kühe in die Weide zu treiben.‹ – Und tritt man nun in den Stall, o welch Vergnügen! wie alles so bequem, rein und gut aussieht, wie das fette Vieh über die Wartung und Pflege, die es von seinem Herrn genießt, sich freut, dessen erstes Geschäft es ist, seinem Vieh an gesunder und unverdorbener Nahrung, an ordentlicher Darreichung derselben und an Reinlichhaltung der Ställe nichts abgehen zu lassen.[6] Da

6 Hier bitte ich meine Leser nochmals jene Stelle zu beherzigen, die ich in das vorletzte Intelligenzblatt unter der Rubrik: *Nützliche Anstalten und Vorschläge die Viehseuchen betreffend*, eingerückt habe. Wollten alle Landwirte diese Vorschriften befolgen, so würden die Viehseuchen, wo nicht

wird denn nun auch gewiesen, wie der vorige Stall beschaffen war, alles so eng, schmutzig und düster!

*Estermann* berechnet nun ganz leicht die vielen Vorteile, die er unerachtet der großen Aufwände nun in Hinsicht des vorigen Zustandes hat. Eben wegen des neuen Stalles war er in tausend Verlegenheiten, weil ihm der Platz mangelte; da musste täglich unermüdet unterhandelt werden, um hier einen Raum zu den Gebäudevergrößerungen gewinnen zu können. – Jetzt besucht man den Garten, und auch hier muss man sich wundern, wie die Obstbaumzucht, ein ebenso wichtiger Artikel der Landwirtschaft, nicht vernachlässigt, sondern vielmehr im besten Betrieb ist. – Die ganze Aufmerksamkeit richtet *Estermann* jetzt auf das Forstwesen, weil er hier neue Quellen der Holzkultur, den noch einzigen Mangel seiner Ökonomie, entdeckt hat. Das ist jetzt das einzige Gespräch, und weil dies auf Vergleichen beruht, so kommt kein Bauer ins Wirtshaus, der nicht zu solchen Vergleichsbeistimmungen aufgemuntert und von dem allseitigen Nutzen belehrt wird. Dadurch steigt bei so manchem Bauer, der bei *Estermann* zuspricht, der heimliche Wunsch auf, seine Wirtschaft auf eben solchen Fuß zu bringen; und da ein gutes Beispiel mehr wirkt als tausend leere Worte, so nehme ich

....................

ganz vermieden, doch wenigstens sich seltner bei uns einfinden, und wir würden nicht mehr Ursache haben, uns über die traurigen Folgen und Nachwehen derselben zu beklagen. Reinhaltung ist es also, welche den Seuchen den Eintritt in die Ställe verwehrt, so wie die Quelle aller Krankheiten einzig und allein in der Unreinigkeit und dem schlechten Futter zu suchen ist.

Möchten doch die Landwirte diese so einleuchtenden als gründlichen Vorschriften an ihre Stalltüre pappen, um alle Tage vor Augen zu haben, wie sich die Knechte und Viehmägde gegen das Vieh verhalten müssen, um den wahren Nutzen ihres Herrn zu befördern, und allem Schaden, der leider! nur zu oft der Saumseligkeit und nachlässigen Wartung zuzuschreiben ist, und dem ganzen Lande, vorzüglich aber dem dürftigen Teile des Volkes fühlbar wird, vorzubeugen!

keinen *Anstand*, Estermann den übrigen Bauern als einen unternehmenden und tätigen Landwirt vorzustellen.

Fahre fort, guter Mann!, in deinen edlen Bestrebungen; dich lohnt sowohl deine Ernte als auch das Bewusstsein, für die ganze Menschheit und das Vaterland wohltätig zu wirken!

Nur eine kleine Bemerkung kann ich in Rücksicht deiner Wirtsstube nicht umgehen: die Menschen lieben auch einen reinlichen, anmutigen Aufenthalt; es ist mit der Wirtsstube wie mit dem alten Kuhstall; vergesse also über die Kühe die Menschen nicht. – Ich wünschte auch, dass sich beinahe alle Wirte unsers Vaterlandes dieses mehr einprägen möchten; denn Schmutzigkeit im Zech- und Gastzimmer wie in der Küche gehört wirklich noch mit unter ihre übeln Eigenschaften. Doch dieser Gegenstand ist zu wichtig, als dass ich ihn zu seiner Zeit nicht besonders rügen sollte.«

Unterdessen stehen dergleichen Arrondierungen, die obiger Posthalter unternahm, beinahe unübersteigliche Hindernisse entgegen, und dies der zu vielen Grund- und Zehendherrschaften, Jurisdiktionen, Hoffuß etc. wegen. Mit einem Male würden alle diese Anstände aus dem Wege geräumt, der Arrondierung und vollen Kultur die Tore geöffnet, ja Prozessen zu Tausenden der Stab gebrochen, wenn alle Abgaben bloß auf die Gründe und nicht auf die Güter gelegt, mithin alle Güter als walzend erklärt würden. Dies könnte ganz leicht von der Gesellschaft oder Gemeinde selbst geschehen, so wie im Auerburg'schen die Abgaben zusammengetragen werden. Zu diesem übeln Verhältnis tragen auch die grundherrlichen Neckereien, Scharwerke und andere Nebenabgaben vieles bei; wozu noch überdies immer viele Unglücksfalle kommen. So haben die Bewohner des Inngebiets eine Menge Gründe durch das Verheeren des Innflusses verloren. Nach einer Berechnung liegen, außer dem gewöhnlichen Strombette, sicher 4000 Tagwerk von dem Strom verwüstet. Schon im Jahr 1773 entwarf daher eine Kommission zur Gewinnung dieses Landes und zu künftiger Sicherheit einen Wasserbauplan, wodurch eine ordentliche Direktion hergestellt würde. Man steckte dazu die Parallellinien aus und wählte statt der vorigen so kostbaren Archgebäude, wo ein Untertan, eine Gemeinde der andern den Strom zuwarf und sich und das ganze Land so zu Grunde richtete, einen Faschinenbau. Alles wurde glücklich eingeleitet und im Frühjahr 1796, ohne alle Hindernisse, zu arbeiten angefangen. Die Gegendbewohner freuten sich schon über ihre Rettung, allein nach diesem Frühjahr kam alles wieder ins Stecken.

Ebenso vielen Schaden verursachen auch die vielen Bäche, die Mangfall, die Glonn etc. Die Kalten gibt bei ihren Verwüstungen noch den Vorteil, dass sie eine Menge Steine, meist Kalksteine aus dem Gebirg Innbach mitbringt, welche wohl benutzt werden können. Unterdessen würde eine gerade Richtung dieser Bäche und Flüsse dergleichen Schaden sehr vermindern, den nun ihr äußerst krummer und gehemmter Lauf, der zugleich mit die Hauptursache der Filzen ist, anrichtet. Doch wenn nur die eingeleitete Kultur zu Stande kommt, so wird sich auch diese Vorkehrung nach und nach von selbst geben.

Auch andere Unglücksfälle, durch Gewitter, Feuersbrünste, gegen welche beinahe nirgends keine Anstalt ist, Viehseuchen etc. sind nicht selten; selbst über Wildschaden wird viel geklagt, da Graf Preising, Graf Lamberg und Graf Tattenbach beinahe alle Jagden gemietet haben, und als große Jagdliebhaber auch auf großen Wildstand sehen. Vielleicht liegt auch darin ein Grund mit, dass den Kulturseinleitungen so häufige Hindernisse in den Weg gelegt werden, obschon obgenannte Grafen selbst als Kultursfreunde bekannt sind. Wenn diese Herrschaften zur Herbstzeit auf die Jagd kommen, so ist es wirklich ein trauriger Anblick, Kinder, Männer und Greise auf der Straße in Haufen zum Treibjagen einherziehen zu sehen, mit einem Säckchen umhangen, um mit ihrem schwarzen Brot, das sie von Haus mitnehmen müssen, den ganzen Tag durch sich zu sättigen. Bei einer Waldung nach der andern werden sie dann angestellt, um durch Gebüsch und Morast bis am späten Abend das Wild zu durchjagen; denn dazu sind die Untertanen sämtlich, vermöge der Jagdscharwerke, verbunden. Oft ist dieses Treiben selbst mit Lebensgefahr für diese Leute verbunden, da meistens nahe geschossen wird und die Treiber im Angesicht und kaum in einer Entfernung von 40 bis 50 Schritte sind. – So wird der Landmann, der von den Jägern das ganze Jahr hindurch schikaniert, schon vieles auszustehen hat, so schändlich gemissbraucht, und dies gerade zu einer Zeit, wo er selbst seine Tage so wohl benutzen könnte! Man sollte sich doch endlich einmal schämen, seine Brüder so entehrend herabzuwürdigen! Wenn man ja jagen will, warum jagt man nicht lieber mit Hunden? – Doch warum sind die Leute auch Bauern geworden!! –

Ein gleich übles Verhältnis ist auch, dass es an Dienstboten und Taglöhnern mangelt, und durch die vielen Feiertage und Andachten oft die schönste Zeit vernachlässigt wird. So wandte einst in einem Dorf dieser Gegend ein Fremder alle seine Beredsamkeit an, um die Leute zu bewegen, an einem eben eingefallenen abgeschafften Feiertage das schon geschnittene Getreid einzuführen; aber niemand hörte. Den andern Tag früh zerschlug ein eingetretenes Hagelwetter die Ernte und ihre schönste Hoffnung. Und doch zerschlug es nach so vielen traurigen Erfahrungen noch nie den abergläubischen Starrsinn!

# GERICHT MIESBACH

Es gibt hier keine Schule außer eine im Markt Miesbach selbst und auch diese ist unbedeutend. Der Schullehrer hat, um leben zu können, vier Dienste beisammen; er ist Schullehrer, Kantor, Chorregent und Prokurator. Ein Bader ist allein in Miesbach anzutreffen, alle übrigen öffentlichen Anstalten, selbst hinlängliche Löschrequisitionen fehlen; dagegen sind eine Menge Lobämter, Andachten, Kreuzgänge, Feiertage etc. vorhanden, welche Religiosität den guten Leuten zu viel kostet.

Für mehrere Betriebsamkeit fehlt es auch an Dienstboten und Taglöhnern; unterdessen ziehen viele Bettler, besonders geistliche, herum, die überall vorzügliche Aufnahme finden.

Die Gegend selbst ist nicht einmal unter sich verbunden; es gibt nirgends nur einen erträglichen Fahrweg. Die Gebirgsleute sind selbst zum Fahren nicht einmal eingerichtet; schon ihre Pferde sind nicht beschlagen.

# GERICHT TEGERNSEE

Die Erziehungsanstalten sind äußerst schlecht bestellt; es sind zwar in diesem Distrikte zwei Schulen, die eine zu Tegernsee, deren Lehrer zugleich Organist zu Gmünd und Kreut, auch Klausner und Messner ist, und die andre zu Egern, deren Lehrer zugleich Organist, Messner, Bauer und Brandweinschenk ist, allein der Unterricht ist da sehr armselig und sie werden auch von den Kindern sehr wenig besucht. Andachten gibt es in den sieben Kirchen außerordentlich viele, daher auch neben den gewöhnlichen und abgeschafften Feiertagen eine Menge anderer, nämlich die der Kirchen- und Klosterpatronen, dann die Verlobungen wegen Feuer-, Wasser- und Schauerschäden; nebenbei sind sieben Bruderschaften und viele Kreuzgänge, von denen der entfernteste nach Tuntenhausen geht. Gar erbaulich ist es anzusehen, wenn die Kirchenschätze des Klosters hergezeigt werden, worunter ein Stück vom Kreuz Christi, ein Finger vom heiligen Benedikt, und zwar gerade der, womit er die Regeln seines Ordens schrieb; ferner ein altes Kruzifix, das mit dem Kaiser Heinrich, als er davor kniend seine Andacht verrichtete, gesprochen haben soll, und dergleichen Seltenheiten mehr sich befinden. Die Klostergeistlichen vergeuden auch hier ihre meiste Zeit mit klösterlichen Verrichtungen. Sie erziehen einige Singknaben und Ministranten, haben für die Bibliothek ein schönes Gebäude, aber von den neuern Schriften wenig darin; auf physische Instrumente wenden sie mehr. So prächtig auch sonst dies Kloster, besonders bei der Einfahrt ist, so sehr vermisst man im Innern allen Geschmack, und die sehr schöne reinliche Gruft ausgenommen, hat alles ein schmutziges Ansehen. Ein besonderer Pestfriedhof erinnert an ehemalige Pestzeiten.

Gegenwärtig ist für die Gesundheitsanstalten ein Bader zu Gmünd, zu St. Quirin und im Kloster, der zugleich die Klosterapotheke unter sich hat. Es ist auch ein Mineralbad vorhanden, das aber wenig besucht wird. Übrigens wird, wie bekannt, das heilige Quirinöl allenthalben als Arzneimittel ausgegeben und verkauft.

Außer den gewöhnlichen Mühlen, 3 Sägen, 1 Ölschlag und den Klosterholzklausen, sind keine besondern Werker in dieser Gegend anzutreffen. In Gmünd war ein geschickter Mechaniker, von dem sich noch vieles vorfindet.

Die Untertanen sind dem Kloster grund- und zehendbar, und ihre grundherrliche Dienste mit Holz, Kälbern, Schmalz sehr drückend; noch drückender aber ist die immerwährende Scharwerk im Kloster, mit allen nur möglichen Arbeiten, als: Misten, Dungfahren, Wiesenmähen, Holzrennen, Kalksteinführen, Weinherbeiführen vom Inn und dergleichen mehr.

Der Wohlstand ist daher bei diesen Gebirgsbewohnern gegen die übrigen sehr weit zurück. Zwei- bis dreihundert Gulden ist das höchste Heiratsgut, das gegeben wird.

Überdies betreffen noch andere Unglücksfälle dies arme Völkchen. Es vergeht fast kein Jahr, wo nicht wenigstens ein Hof abbrennt, und Rettungsanstalten finden sich nirgends vor; selbst das Kloster hat nur zwei sehr elende Spritzen. Kreut ist beinahe alle Jahre dem Schauer unterworfen und ein wahrer Gewitteranzieher.

Auch die Dienstboten sind sehr rar, und man muss bloß von ihnen die Bedingungen annehmen, z. B. der Knecht sagt: er gehe nicht anders in Dienst, als wenn man diese oder jene Dirne auch nimmt etc.; nebst vielen Naturalien hat ein Knecht 40–50 fl. und eine Magd 20–25 fl. Jahrlohn.

Übrigens bleiben auch hier die geistlichen Sammlungen der Bettelmönche nicht aus, die anbei noch überall gut aufgenommen werden.

## GERICHT ROSENHEIM

Die Erziehungsanstalten sind hier ebenso schlecht wie in den übrigen Gerichten. Es existieren zwar Schulen zu Pfaffenhofen, Tinning, Holling, Geisenkamm etc., aber in einem äußerst schlechten Zustande. Für die Kinder der Gebirgbewohner ist auch eine Schule am Kirchwald angelegt, allein der Schullehrer ist, wie überall, teils schlecht bezahlt, teils werden die Kinder gar nicht oder doch nur kurze Zeit in die Schule geschickt. Desto mehr aber sind Kirchen, Geistliche und, wohin man nur blickt, geistliche Bilder und Statuen vorhanden, welches Andachten auf allen Seiten nach sich zieht. Am Kirchwald, wo sonst immer ein Klausner sich aufhielt, ist auch ein Wallfahrtsort zu den drei goldnen Samstagen, und der Gnadenbrunn hilft für alles wie der Balsam des Baders zu Nußdorf. Vorzüglich gibt es viele Ablässe, unter welchen der Portiunkula-Ablass noch am meisten im Flor steht. Bruderschaften, verlobte Feiertage und dergleichen müßige Andächteleien sind sehr gewöhnlich. So z. B. sind zur Adventszeit alle Tage in der Frühe an mehreren Orten zwei Engelämter, wo das Volk auf allen Seiten zusammenströmt.

Bader gibt es allenthalben, aber ihre Kenntnisse sind sehr eingeschränkt. Zu Rosenheim ist ein Doktor und Apotheker.

Alle Untertanen haben ihre Gründe- und Zehendherrschaften, und dabei sehr schwere Dienste; auch erhalten sich bei den kastenämtischen noch allerlei Sammlungen, als Simonfutter, Hundsfutter etc.

Feuersbrünste kommen nicht selten aus, und keine Anstalten sind dagegen getroffen. Auch mit Gewittern, Schauern, Seuchen und Wasserschäden ist diese Gegend, ganz natürlich der vielen Moraste wegen, oft heimgesucht. Der Inn verheert vorzüglich viele gute Gründe.

Die Jagd des Grafen von Preising, der sie in der ganzen Gegend ausübt, ist deswegen sehr drückend, weil die zu viel gehegten Füchse jenseits des Inns kein Geflügel auskommen lassen, weswegen auch davon nichts mehr gehalten und angetroffen wird.

Dienstboten und Tagwerker mangeln auch hier auf allen Seiten sehr.

Die Heiratsgüter werden nur höchstens zu 2-, 4- bis 600 fl. mitgegeben; doch stehen die Untertanen am Kolber, als Einöder, besser.

Die geistlichen und weltlichen Sammlungen sind wie in den andern Gerichten, so auch alles Übrige.

Die Leute haben viele Prozesse und sind überhaupt sehr hartnäckig im Streiten.

# GERICHT TÖLZ

Ein paar Schulen sind mittelmäßig, sie werden aber nicht viel besucht; daher gibt es auch nicht viele Bewohner, die lesen und schreiben können. Die Andachten verdrängen alle übrige Zeit. In Lenggries sind allein ein Dutzend Bruderschaften, als: arme Seelen-, Schützen-, englische Grußbruderschaften. Die Hauptbruderschaft aber ist in Tölz die Rosenkranzerbruderschaft; jede Zunft hat ihre Bruderschaft, der vielen Verlobungen, Kreuzgänge etc. zu geschweigen. Bei einer Prozession sieht man Fahnen, Kruzifixe, Figuren und Engel in Menge, und alles lauft herbei. Zu Tölz ist ein Doktor und eine Apotheke, werden aber nicht viel gebraucht. Das Waisenhaus zu Lenggries auf 12 Kinder ist artig, umso schwärmerischer aber der dasige Kalvarienberg, der seine Entstehung dem nach der Hand vereitelten Plan eines Bräuhauses zu Hohenburg zu danken hat. Wassereinbrüche, Schauer und Feuersbrünste verursachen immer viel Schaden und es gibt, selbst Tölz nicht ausgenommen, noch keine Anstalten dagegen. Bettelei ist stark im Schwunge, man heißt die Bettler – Gargeher. Alle diese Umstände und die großen grundherrlichen Abgaben lassen dem Landmanne nicht viel erübrigen. Sonst wurde auch die Jagd sehr betrieben, die aber nicht mehr bedeutend ist. Das Amthaus zu Tölz, besonders die Gefängnisse, sind für das Vieh zu schlecht. Auch eine Bemerkung, die beinahe allgemein für das ganze Land gilt.

## GERICHT BENEDIKTBEUERN

Die Untertanen haben alle Scharwerk für das Kloster zu entrichten, nur die Jachenauer sind von dieser Zeit und Schwung benehmenden Sklaverei befreit; dagegen sind ihre Abgaben nicht gering, sie entrichten z. B. neben der Geldstift von 40 fl., 7 fl., 1 fl., ½ Zentner Schmalz und 4 Kälber. Auch müssen die Untertanen alles vorher dem Kloster anbieten, ehe sie etwas verkaufen dürfen. Ihre Söhne und Töchter müssen alle zuvor als Knechte und Mägde im Kloster dienen, und dass dies für diese keinen Vorteil bringt, beweist, dass sie sich mit 20 und mehr Gulden jährlich abkaufen, wenn sich ein anderer für einen stellt. Das Wirtshaus in der Jachenau hat die drückende Last, dem Pfarrer und Geistlichen Wohnung und Kost des Tags für 8 kr. zu geben. Wasserschäden, Schauer, Feuersbrünste verschlimmern das Schicksal der Bewohner noch mehr, die für ihre harten Umstände gleichwohl Trost in andächtigen Schwärmereien suchen, wozu das Kloster hinlänglich Gelegenheit darbietet. Dies prächtige Kloster sticht auch mit den armen Bewohnern und der unkultivierten Gegend besonders ab. Es hat freilich mittelst einer vortrefflichen Bibliothek für die Wissenschaften, und mittelst schönen Gemälden und andern Instrumenten für die Kunst vieles getan, und nie, und auch jetzt nicht, fehlte es an jungen geschickten Leuten; doch sieht alles zu mönchisch, zu steif nach der Benediktsregel aus – man ist überall ängstlich – das Kirchen- und Ordenswesen raubt fast die ganze Zeit, und so entarten die Menschen in diesem kolossalischen Käfig. Was sie noch mit der Menschheit aussöhnt, ist die gute Schule in Benediktbeuern, wo die Kinder sogar durch freien Unterhalt angefeuert werden. Von dem Seminarium für Studierende gilt das nämliche, was bei den vorhergehenden gesagt wurde. Ein schöneres Denkmal, das sich Benediktbeuern setzte, ist unstreitig das ganz artige Schulhaus in der Jachenau mit dem braven Schullehrer Jaud. Diesem Schulhaus fehlt nur noch aus den anstoßenden Weidgegenden ein Garten und eine kleine Ökonomie. Nicht ungerührt kann man diese zweckmäßige Erziehungsstube, Lehrer und Kinder verlassen. – Das St. Anastasiahaupt wirkt in Benediktbeuern Wunder und treibt besonders die höllischen Gespenster aus; andere wunderbare Kreuzpartikel und Reliquien werden hier in Menge gezeigt und verehrt.

# GERICHT WEILHEIM

Die Schulen fangen an etwas besser zu werden, sie sind aber nicht häufig besucht. Einer vorzüglichen Erwähnung verdient hier das Schulhaus zu Eglfing, das Frau Dichtel aus Petersburg zur Ehre ihres Mannes bauen ließ. Der Bau kostete nicht nur mehrere tausend Gulden, sondern es liegt noch ein Kapital von 1600 fl. zu Beiträgen für den Schullehrer und arme Kinder darauf. Das Haus selbst ist schön gebaut, mit zwei Wetterableitern versehen, ragt artig unter den andern Häusern hervor und brauchte nichts mehr als einen Grund zu einem Garten oder kleinen Ökonomie. Oben in den Zimmern hängen die zwei Porträts der Dichtel als Stifter. – Zu Weilheim befindet sich ein Doktor und Apotheker; hin und wieder sind auch die Dorfbader geschickte Männer, und die Pollinger Pillen sind ohnehin als Universalmittel bekannt. Auch haben die Klöster selbst ihre, und zwar sehr schöne, Apotheken, wie z. B. zu Polling, Heilingberg. Ich halte es für nötig, über die Klöster in hiesiger Gegend noch einige Bemerkungen zu machen.

Das Kloster hat die 3 Brüder: Landfried, Waldram und Eliland, Grafen von Antdorf und Loisa zu Stiftern. Die Zeit der Stiftung ist ungewiss, so viel ist aber richtig, dass es schon 907 von den Hunnen verheert wurde. Die Stiftung war anfangs für Weltpriester, 1440 aber bekamen das Kloster die regulierten Chorherren, die es noch besitzen. Das Kloster liegt auf einer kleinen Anhöhe, von See und Sumpf umgeben; es ist gut gebaut und mit schönen Gewölbern versehen, besonders ist in der Kirche viel Marmor angebracht, der in einem Feld und am Gebirg sogenannten Rothenstein häufig zu Tag ausgeht. Dieses Kloster, das so reinlich und munter aussieht, litt schon viel von Gläubigern, bis sich ein gewisser Hanffstengel mit seinem Vermögen zum Mittler aufwarf; er baute auch auf allen Seiten und verschwendete vorzüglich viel an den zwei Türmen. Eine Bibliothek und andere gelehrte Sachen darf man hier nicht suchen, die 12 Geistlichen haben beinah keine anderen als kirchliche Verrichtungen und scheinen bei dem guten Bier und der guten Kost in Eintracht zu leben, wobei ihnen denn auch eine gute Musik manche fröhliche Stunde verschafft. Selbst ihre Ökonomie ist nicht zum Besten bestellt. Sie besitzen die einzige Alme im Gericht, und einen Schwaig am Weilberg nebst der Hofmark Ohlstadt etc. In dieser obern Revier stand in den ältesten Zeiten noch ein Kloster am Staffelsee, wovon nichts mehr sichtbar ist und man nur noch so viel weiß, dass die Pfarrkirche in der Mitte des Sees auf einer Insel war. Der See selbst hält in der Länge gegen eine Stunde und in der Breite ebenso viel; er nährt Karpfen, Hechte, Brassen, Schleien, Renken, Ruthen etc. – Hierher gehört auch das Kapitel von Habach, das aus 6 Priestern und einen in München anwesenden Probsten besteht. Diese 6 Priester haben die umliegenden Pfarreien zu versehen, und jeder hat in Habach seinen eigenen Pfarrhof und Feldbau; sie und der Wirt besitzen alle Gründe von Habach, und die übrigen Bewohner sind, was hier meistens der Fall ist, bloß Leerhäusler. Man sollte glauben, dass dieser Sammelplatz von 6 Pfarrern mehr gesellschaftlichen Ton und Anstalten bezweckte, allein just das Gegenteil; keiner geht zu dem andern, und die Pfarrer und Priester der Augsburger Diözese zeigen sich überhaupt weit ungebildeter für Schulverbesserungen und andere nützliche Unternehmungen – viel indolenter als die der Freisinger Diözese. Überdies ist das Kapitel von Habach als eine hartherzige Grundherrschaft in der Gegend bekannt. – Eine halbe Stunde von Weilheim prangt in einer gleich lebhaften Gegend das Kloster Polling, das, wie die alten Geschichtsschreiber melden, seinen Ursprung um die Mitte des 8ten Jahrhunderts dem bairischen Herzog Tassilo II. zu danken hat. Er soll in dieser Gegend gejagt und ein Wild einen Platz aufgescharrt haben, wo während den Überfällen der Avarn und Wenden Kreuze und Reliquien vergraben lagen. Dies gab dann Veranlassung zu dieser Stiftung sowie zur Stiftung eines Frauenklosters. Es wird noch ein solches Kreuz am Choraltar aufgerichtet sowie mehrere Reliquien und Ornate gezeigt; man hat aber nicht Ursache, dabei zu verweilen, weil dieses Kloster andere Schätze in sich fasst, nämlich eine der vorzüglichsten und vollständigsten Bibliotheken und ein schönes Naturalienkabinett, welches das Kloster einem einzigen Manne, dem jüngst verstorbenen Prälaten Franz Töpsel, der lieber den Turm unausgebaut ließ und dafür den Musen Säle errichtete, zu danken hat. Sprachen und Aufklärung sind hier wahrhaft zu Hause und kontrastieren seltsam mit den übrigen kirchlichen und klösterlichen Zeremonien, wozu die ältern Kanonici sich gebrauchen lassen müssen. Unter den Gelehrten und vorurteilsfreien Männern dieses Klosters steht ein (nun gestorbener) Steigenberger, Schlegel, Weinzierl, Bärtel, Rieg oben an. Das Kloster ist massiv gebaut, hat eine freie Lage und ein schönes Perspektiv gegen das Ampertal zu, und unterhält ein Seminarium von 50 bis 60 Jungen, die die ersten 6 Schulen hören; doch gilt davon das nämliche, was schon oben beim Kloster Weyarn diesfalls gerügt wurde. – Das Dorf Polling am Bach Oberach äußert selbst etwas mehr Lebhaftigkeit; die Ökonomie aber scheint nicht im besten Kulturzustand zu sein; die Besitzungen sind zu groß.

Das Kloster Andechs oder der heilige Berg am hohen Ufer oder einer Anhöhe des Ammersees wurde von den Grafen von Andechs aus ihrem Schloss und Gütern für die Benediktiner gestiftet und erhielt den Namen heiliger Berg, weil er durch und durch mit einer *halben Million* heiliger Leiber und Gebeine angefüllt sein soll. Man sieht daher immer ganze Scharen von Wallfahrtern, die sich aber jetzt doch vermindern, hierherziehen, um diesen während den Einfällen der Hunnen oder in andern Kriegen Erschlagenen ihre Ehrfurcht zu bezeugen. Selbst viele Einwohner aus der Stadt München wallen alle Jahre mit vieler Feierlichkeit dahin. In der Hofkapelle sind alle diese Reliquien aufbewahrt und der Schlüssel dazu liegt sogar in der Residenz zu München. Die merkwürdigsten Sachen sind die 3 Hostien,

Milchtropfen aus der Brust Mariä, Haarlocken von der heiligen Anna, einige von Judas Silberlingen, Blutstropfen und Flecke von der Veronika Schweißtuch, Dornspitzen aus Jesu Dornkrone etc. etc. Im Besitz eines solchen Schatzes und Gewerbes lässt sich leicht denken, dass andere nützlichere Gegenstände vergessen werden und man daher weder eine Bibliothek noch andere Bildungsanstalten, nicht einmal eine ordentliche Schule findet; nur die gewöhnlichen Singknaben werden geistig und körperlich gleich schlecht unterhalten. Das alte massive Kloster gewährt einen schmutzigen und bigottischen Anblick. Der ganze Berg liegt unkultiviert und wüste, und ist bloß für schwärmerische und lüsterne Wallfahrter hergerichtet. Die einzige Apotheke und der Vorplatz sind noch erträglich; das Dorf am Fuß des Bergs Erling, fast bloß nur von einer Menge Leerhäusler bewohnt, gibt deutlich genug ihren üblen Zustand zu erkennen.

Das Kloster Bernried *ord. Aug.* am Wurmsee hat den Graf Otto von Valleu zum Stifter, der 1120 sein Schloss in dies Kloster veränderte und die Güter dazu gab; zugleich errichtete hier eine gewisse Herkuba, die als Heilige verehrt wird, ein Frauenkloster, wovon aber nichts mehr als die bloße Andacht an dieselbe existiert. Das Klostergebäude, das an einem sumpfigen Platz liegt, sowie sein ganzer Zustand altert sehr und es kann wörtlich das wiederholt werden, was bei Schlechdorf bemerkt wurde.

Die übrigen adeligen Gutsbesitzer zeichnen sich durch nichts aus, als dass sie, wie gewöhnlich, der Jagd nachgehen. Bei einer meiner Durchreisen brachte man eben einen alten Mann geschlossen auf einem Wagen daher, und alles lief zusammen. Weil dem begleitenden Gerichtsdiener heimtückische Freude aus den Augen blitzte, so war das allgemeine Urteil, dass der Kerl einem rechten Spitzbuben gleichsähe. Ich fragte nach seinem Verbrechen, und es hieß: er wäre ein Wildpretschütz. Bei genauerer Nachforschung fand sich, dass er ein armer Häusler mit 5 Kindern war, der einen seinem Hause sich nähernden Hasen erschlug, um einmal seiner Familie einen guten Tag zu machen.

Unter die übrigen drückenden Verhältnisse sind auch noch die vielen Abgaben, besonders die harten Grundherrschaften, sowie die jährlichen Schauer, die Viehseuche und andere Unglücksfälle zu rechnen. Das Betteln von geistlichen und weltlichen Müßiggängern herrscht hier fast mehr als in jedem andern Ort. Heiratsgut wird 20 bis 30 fl. und am allerhöchsten 150 bis 200 fl. mitgegeben; auch sind die Güter in keinem höhern Wert als zu 200 bis 300 fl., bei den Riederschaften zu 1000 bis 2000 fl.

## GERICHT MURNAU UND OBERAMMERGAU ODER ETTAL

Dass Trinken, Raufen und Bigottism noch die Hauptcharakterzüge bei diesen Bewohnern sind, mag so ziemlich in den ganz vernachlässigten Schulen und allzu viel genährten Andächteleien seinen Grund haben. Zu viele Kirchen sind vorhanden, und das Kloster, wo man wie in den ersten Zeiten seiner Entstehung noch wahre Waldbrüder antrifft, ist der eigentliche Sitz der Schwärmerei. Die Mönche bauen noch immer an ihrem prächtigen Tempel von schweren Quadern und Säulen, und kümmern sich um die übrige Welt nichts. Diese Kirche ist aber auch in der Tat prächtig und ganz im italienischen Geschmacke einer Rotunda, mit schönen Marmorsäulen geziert und vom Pinsel des Knollers erhöht. Der schlechten Bibliothek wird zwar jetzt auch ein Saal gebaut. Die Hauptsache ist hier die kleine Mutter Gottes von Ettal, eines von den Geschenken Kaiser Ludwigs. Sie sitzt im Tabernakel und kann von da mittelst einer Maschine bis zum Altar herabgelassen werden. Man schreibt ihr eine Herzen und Nieren erforschende Kraft zu und äußert, dass dieses Bild nur der aufheben kann, der keine Sünde auf sich hat; allein einleuchtend darf man deswegen nicht furchtsam sein; unterdessen werden den vielen Wallfahrtern große Wunder davon ausgekramt. Ein Seminarium, an 100 Jünglinge stark, wird hier immer unterhalten; sonst war es bloß eine Erziehungsschule von Adeligen, auch vielen Österreichern. Man sieht in den Gängen noch eine Menge solcher Grafen und Barone, alle in Jagduniform gekleidet; vielleicht war auch der Charakter des wilden Jägers und Bigotten der einzige Erwerb ihrer Bildung. Gegenwärtig sind unter andern auch Söhne aus Tirol und Graubünden anwesend, wahrscheinlich weil es ihren Eltern zu Hause zu aufgeklärt zugeht. Wenn man nur den Ort und diese Zeloten betrachtet, erregt sich das Trauergefühl, junge Leute wie in einem Erziehungsmagazin anzutreffen, da es ohnehin bekannt ist, dass solche Erziehungshäuser und Kasernen als widernatürlich die ersten Lasterschulen darbieten. Diese Benediktinerherren scheinen auch dem Menschengeschlecht so abgeneigt zu sein, dass sie kein einziges Haus, keine einzige Familie in diesem Gebirgskessel aufkommen lassen; sie sind also ganz isoliert, ganz der heiligen Schwermut oder dem Bier- und Weinkrug geweiht. Auch die Pflugschar ist hier nicht bekannt; man findet nur einige Garten- und Wiesenanlagen. Die Untertanen müssen durch grundherrliche Dienste und Scharwerk wie gewöhnlich alles ersetzen. Übrigens gehört dies Kloster unter die reichern.

Gesundheits- und Feueranstalten mangeln wie gewöhnlich auch in diesem Gericht. Erst seit Kurzem hat sich ein Doktor zu Murnau niedergelassen. Unter andere Unglücksfälle sind die fast alljährlichen Schauer zu zählen; mancher Bauer hat in 7 Jahren kaum zweimal geerntet. Wasserschäden und Feuersbrünste sind auch nicht selten. Die tirolischen Wildschützen beunruhigen die Bewohner nicht wenig und nehmen so manches mit. Heiratsgüter von 100 bis 200 fl. sind die größten, und der Wert eines Hofes steigt 1000 bis 1200 fl.

## GERICHT HOHENSCHWANGAU

Weder Schule noch Schullehrer sind hier zu Hause, wohl aber viele Feiertage, Hexereien etc. Die Gesundheitsanstalten bestehen, wie gewöhnlich, in schlechten Badern, die von Zeit zu Zeit im Jahr eine Schüssel Blut den Leuten herauslassen und ihnen sehr regelmäßig und stark zum Laxiern eingeben, bei andern Krankheiten oder Unglücksfällen muss man aus dieser Ursache zu Verlobungen seine Zuflucht nehmen. Obige Gerichtsrechnungen zeigen, dass hier noch Scharwerke, selbst Leibeigenschaft, Mortuarien, Emanzipationen in Schwung sind. Es existiert auch ein sogenanntes Hagestolzenrecht, wo das Gut der Herrschaft heimfällt, wenn der Besitzer nicht testiert. Weil die Bewohner ehedem das Schloss, die Feste und den Pass verteidigen mussten, so sind sie von Rekrutenstellungen frei, und auf diese und andere Freiheiten bestehen sie auch hartnäckig. Sie haben einen eignen Steuer- und Anlagsfuß, und geben den Kindern 100 bis 200 fl. Aussteuer. Ein mittelmäßiges Gut kostet 1000 bis 1200 fl. und das größte Anwesen 2000 bis 3000 fl. Die steten Schauer bringen bei den vielen Gewittern die Leute immer in Schrecken; auch

Feuersbrünste verursachen, aus Mangel an hinlänglichen Löschanstalten, fast jedes Jahr vielen Schaden. Die häufigen Tiroler Wildschützen beunruhigen die Einwohner, besonders die Alme sehr, da es nicht immer beim Wildschießen bleibt. Ehemals war die kurfürstliche Jagd, besonders auf Gämsen, sehr bedeutend, und vielleicht auch ein Haupthindernis der Kultur. – Ganz sonderbar ragen die großen Kirchen mit den roten Türmen aus dem Haufen hölzerner Häuser hervor.

## GERICHT SCHONGAU

Das Schulwesen ist ganz vernachlässigt und weder die Pfarrer noch sonst irgendjemand nimmt sich darum an; Peiting allein hat einen geschickten Schullehrer, der zugleich den Gemeindesekretär macht. Bader, Doktor und Apotheke fehlen. Schongau ausgenommen, findet man nirgends Löschanstalten, obschon Feuersbrünste nicht selten sind. Von Wasser- und Wildschäden, von Schneedruck, Schauer, Fieber und Viehseuchen hört man hier immer. Ein mittelmäßiges Gut kostet 800 bis 1000 fl., die bessern 3000 bis 5000 fl.

## GERICHT RAUHENLECHSBERG

Armut ist hier wahrhaft zu Haus, teils aus obigen Ursachen, teils aus noch andern drückenden Übeln. Die Leute sind meistens Söldner und Leerhäusler, und doch stark eingehöfet und mit großen grundherrlichen Diensten beladen; dazu kommen noch beinahe jährliche Schauer, Schneedruck, Wassergüsse, Viehseuchen, Wildpretschäden. Kinder erhalten daher nur 20 bis 30 fl. Heiratsgut, und der Güterwert steht zu 150 bis 200 fl. Doch fehlt es hier nicht an Kirchen, Kapellen, Wallfahrten, wie gleich zu Kiesau, und fremden Bettlern. Der Beamte und Kastner zu Landsberg, Franz von Oberndorf, sucht immer wie ein Vater und Menschenfreund, das Schicksal dieser unglücklichen Leute zu erleichtern, teils durch eigne Unterstützungen, teils durch andre Anordnungen. Von jeher überließ er den Apfeldorfern den beträchtlichen Schlossbau um ein unbedeutendes Stiftgeld; er half schon manchen durch Zertrümmerung seines zu großen Hofes oder Feldbaus, und brachte dadurch den Minderbesitzenden zu mehr Wohlstand. Einzelne Abteilungen wurden schon der Vorschmack zu künftig Wichtigern, und mit den Pfarrern ist das Schulwesen schon an drei Orten in ziemlich guten Stand versetzt. Darunter zeichnet sich zu Apfeldorf ein Nebenpriester aus dem Stift Polling, da beinahe alle Pfarrer in dieser Gegend durch Klostergeistliche bestellt sind, Gelas Gail vorzüglich aus; er macht einen wahren eifrigen Schullehrer und weiß die Kinder durch Geschenke so anzuziehen, dass sie voll Freude in die Schule eilen und ihn wie einen Vater lieben. Der Pfarrer daselbst Zwerger fängt auch an, durch eine wohlgeordnete Ökonomie und Kultur ein Muster zur Aufmunterung und Nachahmung aufzustellen.

## GERICHT LANDSBERG

Die Bewohner haben ein hartes Los. Ihre Besitzungen sind nicht nur unbeträchtlich, sondern sie sind auch in ihrem wenigen Eigentum durch die auch von den Klöstern ausgeübten Forstigkeiten sowohl als durch das Tuffgraben sehr gekränkt und haben überdies starke Abgaben, grundherrliche Dienste, Scharwerke etc. Jährliche Schauer, Reife, Viehseuchen und Feuersbrünste, wogegen keine Anstalten sind, sowie die noch nicht ganz beseitigte Jagd treten dazu, und sieben Achtel Untertanen können sicher unter die Bettler gezählt werden. – Unter den Pfarrern zeichnet sich der durch seine Schriften berühmte Pfarrer Geiger zu Entraching aus, dessen Fleiß für die Obstbaumzucht, Kultur, Schule, kurz: für alles der Gegend Wohltätige außerordentlich ist. Kirchen, Wallfahrten, als: zu Wessobrunn, Diesen, Pilgersheim etc. Andächteleien, Kreuzgänge und Brüderschaften gibt es zwar die Menge, allein Gesundheitsanstalten und Schulen sind nicht vorhanden.

Das Kloster Diesen, gestiftet von den Grafen von Andechs, die auch zu Diesen ein Schloss hatten, thront prächtig an der Anhöhe oberhalb dem See und Markt. Diese erste Stiftung geschah 840, von Rachard oder Rathard, dessen Bruder Hanto Graf von Andechs Bischof zu Augsburg war. Wie gewöhnlich war mit diesem Kloster der regulierten Chorherrn auch ein Frauenkloster verbunden, das aber nach der Hand einging. Das Kloster ist groß und massiv gebaut, mit Gewölben, einem schönen Saal und einer artigen Kirche versehen; im Innern desselben bemerkt man, dass Eichenholz nicht gespart wurde. Die Stiftung ist gut und groß, aber die Bibliothek unbedeutend. So gut also hier für den Körper gesorgt ist, so schlecht ist es für den Geist. Die Apotheke des Klosters verfertigt den sogenannten Diesner Balsam.

Das Kloster Wessobrunn, ungefähr 2 Stunden von Diesen entfernt, wurde 753 vom Herzog Thasilo gestiftet. Als Veranlassung erzählt man, dass Thasilo auf einer Schweinshetze im Walde sich verirrte und als ihn die Nacht überfallen, sich verlobt hätte, ein Kloster zu bauen, wozu ihm sein Jäger Wesso am folgenden Tag einen Brunnen als Platz gezeigt haben soll.

Anfänglich war auch ein Frauenkloster damit verbunden, das aber in der Folge einging. Das Kloster, das wohl hoch, aber in einer wahren Wildnis von Holz und Filz, unfern einem kleinen See, liegt, ist ein massives Gebäude, von innen, besonders die Kirche, mit schöner Stuckaturarbeit geziert. Obwohl hier noch ganz die

Benediktsregel und gewöhnlichen Kirchenzeremonien herrschen, so wird doch jetzt mit Anschaffung physischer Instrumente, eines Observatoriums und ordentlicher Bücher, sowie auch mit Kultur des Gartens, der wie das Ganze einer Wildnis gleicht, der Anfang gemacht. Das von einem Benediktinerbruder von Peifening gemalte und hierher seit langer Zeit verehrte Marienbild hat durch allerlei ausgeschriene Wunder eine zahlreiche Wallfahrt verursacht. Eine gleiche Wunder wirkende schmerzhafte Mutter Gottes unterhält ein Hospizium zu Vilgertshofen bei Pflugdorf von 4 Geistlichen aus diesem Kloster. Auch an andern Reliquien und dergleichen Siebensachen fehlt es nicht.

Das Dorf Wessobrunn gewährt dem Beobachter mehr Zufriedenheit. Er findet hier ganz artige Häuser und obwohl die Bewohner keine Gründe haben (einen kleinen Platz für Apfelbäume ausgenommen) und einer höchstens 1 oder 2 Kühe hält, die in der Wildnis herumlaufen, so sind sie doch alle geschickte Stuckateure, Maurer und Zimmerleute, die die weite Welt durchreisen und mit vielem Gewinst wieder nach Haus kommen; nur schade, dass die Gelegenheit der zu vielen Andachten und des zu nahen Klosterbräuhauses den Erwerb meistens wieder hinschwinden macht. Statt des Gipses machen einige ein sehr schönes und dauerhaftes Laubwerk von Pappendeckel. In der Gegend werden viele Tuffsteine gebrochen und nebst Holz auf dem Lech verhandelt.

An der äußersten Ecke dem Gebirg und der Halbammer zu, trifft man auf die Hofmark und das Kloster Rottenbuch, eine der schönsten und reichsten Abteien, das schon das ungeheure, mit einer Menge Blitzableiter versehene Gebäude verrät. Der Name kommt von *Wald ausrauten* – daher in ältern Urkunden Raitenbuch – und die Stiftung von Welf IV. Herzog in Baiern und seiner Gemahlin Juditha 1035 her. Von jeher zeichnete sich dies Kloster durch eine gute Ökonomie aus und in ihm herrscht als Kontrast gegen andere Klöster ein offner, gastfreier und gesellschaftlicher Ton, besonders unter dem gegenwärtigen so geschickten als biedern Abt Herkular Schwaiger, dem langen und genauen Observator am Peißenberg, der als ein so langer Beobachter der Mutter Natur die Menschen mehr als die Ordensregel lieben lernte und dadurch eine glückliche Wendung der Dinge bewirkte, dass er bloß jungen Männern die Ämter gab, die sonst die Alten bekleideten, wodurch die alten Gebräuche aufrechterhalten wurden. Die Schule hat einen eignen braven Schullehrer und einen Direktor im Kloster und ist in voller Aufnahme; die Kinder laufen deswegen schon mit Freude her, weil sie zu essen bekommen. Im Kloster zeigt man eine sehr beträchtliche und vollständige Bibliothek, ein Naturalienkabinett, physische Instrumente und es gilt von ihm fast das, was bereits vom Kloster Polling geäußert wurde. So gut unterdessen diese Anstalten sind, so bleibt das Ganze doch ein Kloster und diese würdigen Männer würden ohne Klosterhabit weit mehr Nutzen stiften können.

Die Untertanen dieser Hofmark unterscheiden sich in der Gegend von den übrigen durch größere Sparsamkeit und etwas mehreren Wohlstand, der jedoch hier überhaupt nicht groß sein kann. Sie haben nur einen Pferdzügel und das Übrige mit den Untertanen von Steingaden und Schongau gemein. Das Kloster siedet allein Bier und unterhält eine Apotheke und Chirurgus.

## LANDSBERGER GERICHTSTEIL JENSEITS DER MÜNCHNER CHAUSSEE

In den drei Wintermonaten wird zwar im ganzen Gericht Schule gehalten, allein die Schullehrer sind schlecht und werden auch nicht bezahlt. Ein Kind gibt die Woche 2 kr., und fällt ein Feiertag ein, so ziehen die Eltern 2 Pfennig ab. Niemand nimmt sich der Schulen an, obgleich die Pfarreien mehrere 1000 Gulden tragen und die Hofmarken noch mehr Einkünfte ziehen, wovon freilich das meiste in die Klöster gehört. Unterdessen alle Geistlichen in der Augsburger Diözese haben für nichts anders Sinn als für ihre Kirchen-Zeremonien und Habsucht; sie sind wahre Jesuiterstudenten, wie sich denn noch die Jesuiten in Augsburg fortpflanzen. Andachten, Bruderschaften, unter denen die Rosenkranzbruderschaft oben ansteht, sind ziemlich im Schwung; neben den gewöhnlichen Feiertagen halten sie auch Dorffeiertage, und wenn viele Feiertage aufeinander kommen, allezeit einen Nachfeiertag. Um die übrigen öffentlichen Anstalten steht es ebenso schlecht. Es gibt einzelne Bader, unter denen der zu Scheuring allein ein geschickter Mann ist, und einen Doktor zu Landsberg. Die Toten bestattet man fast überall noch mitten im Dorf zur Erde. Feueranstalten kennt man gar nicht. Die Hofmarksherren tun auch nichts für öffentliche Anstalten, der einzige Besitzer von Hurlach verwendet viel auf die Schule. Die Untertanen haben schwere Abgaben, besonders grundherrliche; 17, 20, 30, 40, 48 Scheffel Fesen muss einer des Jahres bloß Gilt geben, ungerechnet die landesherrlichen Abgaben, die Zehenden etc., sodass bei manchen die jährliche Ausgabe an grundherrlichen und Staatsabgaben auf 5-, 6-, 700 fl. steigt, dabei haben die kurfürstlichen Kastenamts-Untertanen hier weit stärkere grundherrliche Dienste als die Hofmarkischen. Nimmt man dazu noch die Sammlungen der Schinder, Schergen, Jäger, Messner und Schullehrer, der Karmeliten, Franziskaner, Augustiner, Kapuziner, barmherzigen Brüdern und Schwestern, die zweimal im Jahr Butter, Getreid, Eier, Brot und Geld holen, so ist sich nicht zu verwundern, dass den Bauern nicht viel übrig bleibt, und die Leute nicht unter die Vermöglichen zu rechnen sind. Ein anderes missliches Verhältnis bringt der ungleiche Hoffuß hervor. Die Besten geben nur 1000 bis 1500 fl. Heiratsgut, und ein Juchart Acker gilt 180–190 fl., wenn er eigen ist 300 fl. Unter die bessern Dörfer rechnet man Schmiechen, Weil, Winkel und Uetzenhausen, die alle hofmärkisch sind. Wiesgründe sind um keinen Preis zu kaufen, man hält sie für mehrere 100 fl. Die Leute klagen sehr über Wildschäden, weil im Lichtenberg viel Wild gehegt wird. Reife haben schon manchmal Schaden auf den Feldern angerichtet, doch hört man von Schauern nichts. Den Mangel und die Kostbarkeit der Dienstboten, da sich selbst die Taglöhner lieber an den Spinnrocken setzen und ihn der beschwerlichen Feldarbeit vorziehen, nennen die Leute ihren Schauer. Die Bauern haben oft mehr Feldgründe, als sie bearbeiten und übersehen können, und die Gebundenheit der Güter lässt ihnen keinen andern Ausweg.

Unten im Holzland kommen die nämlichen misslichen Verhältnisse vor, wie in der Diesner Gegend. In der Hofmark Igling und Hofhegnenberg sind herrschaftliche Bräuhäuser und beinahe in jeder Hofmark ein Schloss.

## GERICHT MERING

Auf eine ordentliche Schule oder andere öffentliche Anstalten, z. B. gegen Feuersbrünste etc., denkt hier kein Mensch. Die Leute sind eben nicht viel vermöglich, die großen Gilten von 30, 40, 50 Scheffel des Jahrs von einem Untertan hindern den Wohlstand; dabei ist, wie gewöhnlich, der Hof- und Steuerfuß ohne Verhältnis, und mancher hat zu viele Feldgründe; alle diese Missverhältnisse machen zu ungleiche Lasten missvergnügt und schwierig. Das Kastenamt bezieht beinahe allen Zehend, der nach obigem Rechnungsausschlag sehr beträchtlich ist. Die Bettelei geht auch hier stark. Einzelne, oft eintreffende Schauer, Viehseuchen und Wildschäden verschlimmern noch mehr die Umstände dieser Bewohner. Ein Hof gilt 3–4000 fl. und 1000 bis 1500 fl. ist das Heiratsgut.

## GERICHT FRIEDBERG

Schul-, Gesundheits-, Feueranstalten und dergleichen sind auch in diesem Gerichte ganz vernachlässigt; gegen Feuersbrünste ist insoweit durch die mehr gemauerten Häuser und durch die Jesuiten gesorgt, die in ihren großen Waldungen dem Förster den Ziegelstadel überließen, der das Ziegelwesen sehr tätig und für die ganze Gegend sehr nützlich treibt.

Bettelei und Andächtelei herrschen, wie gewöhnlich, und die ohnedies armen Umstände der Bewohner verschlimmern die vielen Schauer, Viehseuchen und Wildschäden noch mehr; nebenbei haben sie große grundherrliche Dienste, Scharwerke und große Einhöfung. Die bessern Untertanen an der Klon gehören fast alle an die Klöster und Herrschaften. Die Heiratsgüter bestehen in 50–100 fl. und ein Hof kostet 3–500 fl., wo hingegen an der Klon 1000–2000 fl. Heiratsgut gegeben und die Höfe zu 4-, 6-, 8000 fl. und noch mehr verkauft werden.

Das Kloster Taxa für die Barfüßer-Augustiner in diesem Gericht ist das einzige im Land von diesem Orden. Seines abenteuerlichen Ursprungs wegen heißt dies Kloster auch Maria Stern in Taxa, wovon die Erzählung diese ist: Eine Henne legte 1618 ein Ei auf einen neuen Ziegelstein, welches mit einem strahlenden Stern bezeichnet und in dessen Mitte ein gekröntes Frauenhaupt entworfen war. Der damalige Herr dieses Ortes, Johann Hund, wusste die Hieroglyphe bald zu erklären; es war für ihn ein Wink von Maria, auf diesen Ort eine Kapelle, und zwar in der Gestalt eines Sterns, zu bauen. 1629 wurde die Kapelle mit einer Kreuzkirche und Nebenkapelle vergrößert, 1654 den Barfüßern geschenkt, welche dann vom reichlichen Almosen in 6 Jahren den Klosterbau unternahmen, durch Ablässe und vorgebliche Wunder Wallfahrten herbeilockten und das Einkommen vergrößerten, sodass sich diese Barfüßer jetzt sehr wohl befinden und sich außer der Sorge für ihren Körper, für die Kirche und Bettelei, als die Mittel dazu, sonst um nichts weiters bekümmern.

Ein Rausch heißt in der Gegend als allgemeines Sprichwort: Der Taxastern.

# GERICHT AICHACH

Die Schulen schlafen noch, es fehlt an Männern, die sich darum annehmen und an Unterstützung; die vielen Pfarrer haben dafür keinen Sinn, bloß die Schule zu Aichach fängt an, etwas besser zu werden. Ebenso schlecht sieht es mit den Gesundheitsanstalten aus; nur allein zu Aichach befindet sich ein Doktor. Die Begräbnisse sind noch nicht aus den Ortschaften verbannt. Die vielen Weidenschaften und Sümpfe erzeugen von Zeit zu Zeit viele Viehseuchen, mitunter kommen auch Schauer, Wildschäden, Wassergusse und Schneedruck. Die häufigen Scharwerke, großen Grunddienste, die vorzüglich hier den hofmarkischen Untertan hart drücken, die Zehenden und Unverhältnismäßigkeit der großen Steuer und des Hoffußes lassen dem Untertan keinen Schwung. Die größten und meisten Ökonomien haben nebenbei die Hofmarksherren und Klöster, und die sogenannten Untertanen sind bloß ihre Tagwerker und Bettler. So ist z. B. die ganze Hofmark Griesbeckerzell bloß aus solchen Leuten zusammengesetzt, und es ist eben kein Wunder, wenn sich daraus Diebsbanden bilden. Sämtliche Untertanen müssen durchaus als misshandelt und arm gehalten werden, und nur die äußern, gegen den Lech zu, befinden sich wegen der Auen, des Vieh- und Holzverkaufs etwas besser; doch gilt auch in dieser bessern Lechgegend ein halber Hof nur 1000 bis 1500 fl. und man gibt nur 100–200 fl. und im Holzland kaum die Hälfte zum Heiratsgut. Dem ungeachtet betteln Geistliche, Gerichtsdiener und Jäger etc. das Gericht auf und ab, und die übrigen Andächteleien herrschen noch stärker als in andern Gerichten. Als jüngst die 2 Beamten sich alle Mühe gaben, ein Dorf zur Abteilung aller Gründe, Arrondierung der Gründe für jeden Untertan, sohin zur Aufhebung der 3 Felder und zur Einführung der Stallfütterung zu bereden, ja die Gemeinde sich schon dazu einverstand, war es bloß der Pfarrer, der sie dagegen aufhetzte und alles hinderte.

Gegen Feuersbrünste ist zum Teil durch die gemauerten Häuser gesorgt, und in Aichach und den Märkten sind einige Spritzen vorhanden. Die Hofmarksherrschaften suchen nur Geld von der Gegend zu holen, ohne sich um ihre Verbesserung zu bekümmern.

Das Kloster Kühbach erlangte 1099 seine Stiftung, wo Adalbero, Graf von Oberwittelsbach, auf dem Rückweg aus dem gelobten Land starb, seine Gemahlin vor Betrübnis ihm bald folgte und ihre Tochter Wilburgis die erste Äbtissin dieses Klosters, Benediktinerordens, wurde. Die 18 Frauen und 7 Schwestern in diesem Kloster beschäftigen sich mit Singen und Beten, Reliquienfassungen, und haben schon eine Schuldenlast von 100 000 fl. kontrahiert; doch helfen sie sich jetzt wieder auf. Sie brauen nur weißes Gerstenbier. Man sollte nicht länger in einem Staate solche Weiber dulden, eingesperrt in einem Kloster, wo sie der Neid aufreiben möchte, wo sie mit so kleinen Gegenständen geängstigt, so furchtsam sprechen und um ihren Herrn

Jesus (denn jede hat einen gekleideten Jesus als Bräutigam in ihrer Zelle) so bekümmert sind, dass man nicht weiß, ob man lachen oder sich ärgern soll, vorzüglich da ihre Beichtväter bekräftigen, dass die gewöhnlichen Kasernenlaster auch in solchen Klöstern zu Haus sind.

Das Kloster Altomünster hat dem schottländischen Prinzen Alto sein Dasein zu danken, der als Bußbruder und Einsiedler in diese Gegend kam. König Pipin schenkte ihm einen Teil von dem Wald zwischen Lech und Isar, den er ausreutete, und durch Geschenke in Stand gesetzt 750 hier mit einigen Ordensbrüdern ein Kloster nach der Benediktsregel etablierte, dessen Kirche Bonifazius selbst 760 einweihte und dem Weibergeschlecht sogar den Zutritt in dieselbe verbot, auf Bitte des Alto aber wieder gestattete. Von diesem Alto erzählt man als ein großes Zeichen seiner Heiligkeit, dass er die ganze Nacht bei einer jungen schönen Nonne schlief, bloß um seine Enthaltsamkeit und Keuschheit auf die Probe zu stellen. – 1486 brachte Herzog Georg von Baiern dieses durch üble Aufführung und Administration heruntergekommene Kloster wieder empor, und gab es den Brigittinerinnen. Jetzt befinden sich 38 Frauen, 12 Patres und 7 Fratres darin; Erstere haben die Oberherrschaft, führen auch allein die Ökonomie, geben den geistlichen Männern alles vor und halten sie wie ihre Knechte; daher ist ewiger Krieg unter ihnen. Ihre Ordensregeln sind hart und mit strengem Fasten verbunden; was nützen aber alle diese Menschen? Warum lässt man sie sich als Menschen so entstellen und ewig untereinander foltern? Es wird auch nach Altomünster gewallfahrtet und man zeigt dort 2 Dornen von der Krone Christi, Haare von der Maria, die Hirnschale des H. Alto, seinen Kelch, auf dem ihm Christus erschien, sein Messbuch und sein Messer, mit dem er den Wald zum Kloster abschnitt.

Wie schon oben vorkommt, stiftete Herzog Ludwig die Kommenturei Blumental, und 1254 gab Berthold von Schiltberg, Marschall der Herzoge Ludwig des Strengen und Heinrichs in Baiern, mehrere von seinen Besitzungen dazu. 1304 wurde durch die Pfarreien Rohrenfels und Weichering diese Kommenturei noch mehr vergrößert, welche statt der von den Herzogen Stephan, Friedrich und Johann eingezogenen Kommenturei Aichach eingetauscht wurden. Die Nutzungen zieht, wie gewöhnlich, ein abwesender Ordensritter.

Ordentliche Schulen mangeln überall, desto häufiger aber sind die Andachten, Kreuzgänge, Brüderschaften und Feiertage, wozu die Klöster vieles beitragen. Ebenso schlecht sieht es mit den übrigen Gesundheits- und öffentlichen Anstalten aus. Nur hin und wieder gibt es Feuerspritzen. Schauer, Viehseuchen sind nicht selten. Die zu großen Höfe, unverhältnismäßigen Steuern und Hoffußbelegungen, besonders da auch die gerichtlichen beinahe noch so hohe Steuern als die hofmarkischen Untertanen haben – ferner die Wildschäden und großen Gilten, die meistens dem Kloster Schönfeld gereicht werden müssen, die harten Grundherrschaften, die Schäfereien etc. vergrößern noch mehr die ohnedies übeln Verhältnisse dieser Bewohner, wozu denn noch die Zehenden, Betteleien, Sammlungen, Taxen etc. wie in den vorigen Gerichten kommen.

Das Kloster Thierhaupten hat eine sehr artige Lage an der Ache und dem Lechufer, und ist zum Teil neu, zum Teil alt gebaut. Man glaubt, es sei 770 vom Herzog Thassilo bei Gelegenheit einer Verirrung und Verlobung auf der Jagd hier gestiftet worden. Jetzt sind 16 Geistliche vorhanden, bei denen man weder Bücher noch Gelehrsamkeit suchen darf; hart und steif halten die alten Vorstände auf die Benediktsregel und Kirchenzeremonien, und so werden auch die jungen talentvollen

Leute wie in einem schmutzigen Käfig eingeschlossen und abgemartert; man entdeckt so ziemlich den Gram an ihrer Stirne und muss mit ihnen den gleichen Wunsch hegen und ihn jetzt noch bloß der schönen Natur herum anvertrauen, dass doch einmal ein holder Genius die Pforten öffnen und die Menschen wieder zu Menschen machen möchte! – Das Kloster hat schöne Besitzungen, einen beträchtlichen Pferdzügel, schöne Wiesen an der Ache, einen großen Holzverkauf und ein Bräuhaus; das Übrige ist wie gewöhnlich.

Das Bernhardiner Nonnenkloster Niederschönfeld, eine Viertelstunde von Rain, hat seine Entstehung dem Grafen Berthold II. von Griesbach und seiner Gemahlin Adelheid, einer gebornen königlichen zyprischen Prinzessin zu danken. Anfangs stand es zu Burkheim, 1241 aber wurde es hierher versetzt und Schönfeld oder Niederschönfeld genannt. Eine Kruzifixkapelle, wo dem Bilde noch immer die Haare wachsen sollen, auch ein Dorn aus der Krone Christi gezeigt wird, hat hier vielen Zulauf. Im Kloster wird auch weißes Gerstenbier gesotten. Übrigens gilt alles von diesem Kloster, was schon oben von solchen Nonnenklöstern geäußert wurde. – Kirchen, Schlösser, Klausen, Bilder und Kapellen kommen bei Durchwanderung dieses Distrikts von allen Seiten zum Vorschein.

# GERICHT DONAUWÖRTH

Die Schulen sind, außer in Donauwörth, vernachlässigt, und um die übrigen Anstalten steht es nicht besser; desto mehr sind aber die Andächteleien im Schwunge. Zu Donauwörth ist ein Doktor. Die Untertanen klagen über zu hohe Getreidgilten. Bei eignen Gründen wird die Steuer tagwerkweis reguliert und zahlt ein Tagwerk 24–36 kr. jährlich. Wasser-, Eisstöß- und Wildschäden sind häufig, und die Güter meistens zu groß. Die Menge der Jurisdiktions- und Territorialstreitigkeiten in jedem Dorf, deren jedes einen Haufen Herren, wie überhaupt in Schwaben hat, erregen selbst bei allen Anstalten in der Kultur und Gewerben viele Hindernisse und Schwierigkeiten.

# GERICHT SCHROBENHAUSEN

Zu Schrobenhausen und im Berg im Gau ist die Schule mittelmäßig, übrigens aber ganz vernachlässigt. Um die übrigen öffentlichen Anstalten steht es ebenso schlecht, und weder Beamte, Pfarrer noch Hofmarksherren tun etwas dafür. Deswegen ist noch Aberglaube und Andächtelei hier überall zu Haus und die Bewohner, die einen großen Hoffuß, große Steuern, große grundherrliche Dienste, besonders die hofmärkischen, nebst andern Zahlungen, Taxen und Betteleien haben, schmachten wirklich im tiefsten Elend. Etwas besser stehen die 8 Dörfer im Gau, deren Bewohner niemanden in ihren Kreis kommen lassen, alle unter sich einander heiraten, alle untereinander versippt sind und gesünder und besser aussehen. Am großen Zehendstadel zu Berg im Gau merkt man schon, dass auch der Boden hier wohltätiger ist. – Schauer, Reife, Wassergüsse, Viehseuchen und Wildschäden sind auch nicht seltene Übel, und man muss sich wirklich wundern, dass diese Leute doch fortleben können. Ein Hof gilt 800–1000 fl. und Heiratsgüter werden zu 20–50, 100–200 fl. gegeben.

# GERICHT WEMDING

Obschon auch hier die Regierung für das Schulwesen nichts tat, so befindet es sich doch in guten Umständen. Die Schullehrer werden bezahlt und von den Kindern ordentlich und gern besucht. In Hinsicht des Kirchenvermögens lieferte die unlängst von München abgeschickte Untersuchungskommission eine schöne Bemerkung, nämlich da, wo die Beamten die Administration hatten, war überall Unrichtigkeit; bei der Kirchenadministration zu Laub aber erhielt sich noch die Verfassung der Vorzeit. Die Gemeinde sah dieses Vermögen der Kirchen nur als ein zur Unterstützung der leidenden Menschheit und zur Aufrechthaltung des öffentlichen Kredits bestimmtes an. Von der Gemeinde wurden immer 2 Zechpröbste bestellt, die die Ausgleichungen der Kapitalien und Erholung der jährlichen Interessen und andere Gefälle, kurz; die ganze Verwaltung, ohne Obrigkeit und Pfarrer über sich hatten; und – wie sich es auch erwarten ließ – in den gehaltnen Gilt- und Zinsbüchlein der Zechpröbste herrschte volle Ordnung und Richtigkeit, sowie auch die baren Gelder in ihren Händen bereitlagen.

Die nahe Wallfahrt Maria Brindl hat noch immer vielen Besuch; daher stehen die Priester sich hier auch sehr gut.

Für die Gesundheitsumstände ist hier durch einen Doktor und 4 Chirurgen gesorgt. Gegen Feuersbrünste verwahren die gemauerten Häuser und Löschrequisiten; nur das von den Reichsherrschaften in der Gegend und selbst von den Beamten gehegte Wild verursacht dem so fleißigen Landmann vielen Schaden, weswegen er nicht gut darauf zu sprechen ist. Hier sammeln weder geistliche Bettler (die dasigen Kapuziner ausgenommen) noch andere, als Schinder, Schergen, Jäger etc. Hier hausen weder Adel noch Grund- und Lehenherrschaften, also keine Scharwerk, kein Bier-, Brot- und Mühlzwang; es gibt zwar Geldstifter und Getreidgilten, sie sind aber als bloße Zinsen an Geld und Getreid zu betrachten, und fließen dem Spital, Kastenamt oder den Kirchen zu; und von diesem Gesichtspunkt aus sind die in der Tabelle bei Wemding auch vorkommende Hofmarks- und Grunduntertanen zu betrachten. Ferner sind da keine Laudemien (obwohl die Beamten seit einiger Zeit einige Laudemien aufdringen wollen, so wissen die Saalbücher doch von keiner Grundbarkeit) – keine grundherrliche Konsense *ad alienandum* oder *hypothecandum*, kein Hoffuß (der in der Rechnung vorkommt, ist nur des Anschlags der Anlagen wegen angenommen) oder Gebundenheit der Güter; jedes Grundstück ist eigen und frei, kann verkauft werden, wann und wie man will. Was Wunder also, dass dieser kleine Strich Landes reicher, bevölkerter und glücklicher ist als viele andere? – Man hört hier von Heiratsgütern zu 5-, 6- bis 7000 Gulden, die den Kindern teils in Grundstücken, teils in Geld mitgegeben werden. Ein Bauerngut kostet 10 bis 12 000 Gulden; ein leeres Haus 900 bis 1000 fl.; ein Tagwerk Grund 4 bis 500 fl. Die Güter sind daher nicht groß, aber desto besser bebaut, die Dörfer bevölkert, ein immerwährender Verkehr und alles so ziemlich im Wohlstande.

## STADT INGOLSTADT

Der Magistrat, der wie in allen Städten des Landes die Jurisdiktion, die Polizei und Finanzen verwaltet, besteht aus 4 Bürgermeistern, 1 Syndikus, in kleinern Städten oder Flecken Stadt- oder Marktschreiber genannt, und 4 bis 5 innern und 12 äußern Räten. Nebenbei gibt es noch einen Stadthalter und andre Amtsstellen, nämlich: die Universität über ihre Zugehörige; das Ratskollegium (ein Überbleibsel des ehemaligen Hofrats, als Ingolstadt noch eine Residenz eines Herzogs war) über nicht verbürgerte Einwohner; das kurfürstliche Hofkastenamt, Hauptmaut und Salzamt über ihre Personalien, – welche Stellen immer unter sich zu allerlei Neckereien und Jurisdiktionsstreitigkeiten Anlass gaben. Zu noch mehrern Streitigkeiten, ja oft Raufereien kam es von jeher zwischen den Studenten und dem Militär.

Sowohl die Seminarien als andre Schulen sind etwas besser bestellt als an andern Orten; auch fehlt es an andern Anstalten nicht, doch befindet sich alles im mittelmäßigen Zustand. Für gesellschaftliches Vergnügen ist durch ein öffentliches Ballhaus und ein paar artige Gast- und Kaffeehäuser gesorgt.

Die Universität oder sogenannte hohe Schule, gestiftet 1472 von Herzog Georg dem Reichen zu Landshut, hatte von jeher so viel Einkommen größtenteils durch Grundbesitzungen, dass sie die Lehrer ohne mindestes Zutun der Schüler hinlänglich bezahlen konnte. Das eigentliche Universitätsgebäude ist ein zwar altes, aber großes und weitläufiges Gebäude, worin sich der *aula academica*, der zu Feierlichkeiten etc. gebraucht wird, die *stuba academica*, wo sich der akademische Senat versammelt, und verschiedene große Hörsäle, das Archiv und der Karzer befindet. Im *Collegio Albertino* ist die sehr ansehnliche Universitätsbibliothek. Anstatt dass ehemals die armen Studenten in Kollegien unentgeltlich Unterhalt bekamen, wurden nachher Stipendien zu jährlichen 120 fl. gebildet, die jeder in der Stadt verzehren konnte. So waren auch noch andere Stiftungen, besonders für angehende Priester vorhanden. Sehenswürdig ist der *Orban'sche Saal*, den Ferdinand Orban, ein Jesuit, mit einer Sammlung von Altertümern, Schildereien, Münzen, Naturalien, mathematischen Instrumenten, chirurgischen Seltenheiten, von Büchern, Kalendern und Hausgeräten etc. stiftete. So großen Ruf und ausgezeichnete allgemein bekannte Lehrer die Universität in ältern Zeiten hatte, so viele auch unter den Neuern Epoche machte – wer kennt wohl nicht die wichtigen Männer des Illuminatenordens? – so kam doch im Allgemeinen seit der Reformation und seit die Jesuiten das Ruder bekamen die Universität immer mehr in Verfall. Katholizism, Zensur und Inquisitionsgeist suchten den menschlichen Verstand eher zu verwildern, als ihn aufzuklären, und während andere hohe Schulen dem Forschgeist ein freies Feld eröffneten, alles in eine gefälligere Gestalt ummodelten, überall zu Licht führten, wurde es hier immer tiefere Nacht; – es war daher kein Wunder, dass die jungen Leute nicht mehr nach Ingolstadt, sondern lieber nach aufgeklärteren Wohnsitzen zogen, sodass in München ein Edikt übers andere erlassen wurde, um wenigstens die bairischen Jünglinge zu nötigen, wenn sie anders auf Stellen im Lande sich Rechnung machen wollten, ihre Studien in Ingolstadt zu vollenden.

Die verschiedenen Kirchen haben außer einigen guten Gemälden so wenig Interessantes in sich als die Klöster. Das Augustinerkloster wurde erst 1683 aus einem Seminar der Studierenden gestiftet; früher, und zwar schon 1275, bekam das Franziskanerkloster seine Entstehung und von Herzog Ludwig die meiste Fundierung. Das prächtige Jesuiterkollegium, das samt den herrlichen Einkünften, wie im ganzen Lande, ein Malteserritter genießt und wozu Ignazius, der Stammvater der Jesuiten, selbst den Plan entwarf, war das letzte von ihm, aber auch *das erste* in Ingolstadt und *ganz Deutschland*, wo die Jesuiten *den ersten Lehrstuhl* betraten. Die Herzöge fundierten dies Kollegium aus Landesgefällen für die ersten Jesuiten, die 18 an der Zahl von Rom kamen und von da aus dann so mächtig und für den menschlichen *Geist so gefährlich im ganzen südlichen Deutschland sich fortpflanzten.* Das Frauenkloster zu St. Johann im Gnadentale nahm schon 1276 bloß aus gesammelten Almosen seinen Ursprung, so auch nachher das Ursulinerkloster.

## GERICHT GEROLFING, STAMMHAM, ÖTTING UND KÖSCHING

Alles liegt vernachlässigt in diesem Bezirke und erscheint in einem rohen Jagdzustande, wo es wohl an Hasen, Hirschen, Reh und Wildschweinen, an Wildenten, Schneegänsen, Bekassinen, Rebhühnern, Lerchen und Raubvögeln nicht fehlet, auch einzelne Otter und Biber sich einfinden; wo aber alle diese Gäste sich noch einstellen, da spielen die Menschen nur eine Nebenrolle, und alles sieht noch trübe aus. Ebenso verwahrloset richtet die Donau durch so manche Überschwemmung auch manches Unheil an, ob man zwar längst einen großen, aber wie scheint, misslungenen Bau geführt hat. Überhaupt stehen hier zu Lande die Flüsse noch in der Kategorie der wilden Tiere, die noch nicht zahm und nützlich gemacht worden.

## GERICHT VOHBURG

Wer errät nicht bei diesen Verhältnissen von selbst, wie es hier um das Schulwesen und die übrigen Polizeianstalten aussieht? Niemand kann lesen und schreiben, und dicke Finsternis ruht über dem Lande, in welcher die Nachteulen, die Mönche, so ganz ihr Wesen treiben können. Der Bauer ist schon an grundherrlichen Diensten stark angelegt, und nimmt man noch die übrigen Scharwerke, Laudemien, Zehenden, Strafen, Taxen, landesherrliche Abgaben etc. dazu, nebst der Menge weltlicher und geistlicher Sammlungen, die ihm das Wenige, was ihm noch bleibt, vollends rauben, so ist es sich nicht zu verwundern, dass er allen Mut zur Arbeit verliert; die Kirchen und Andachten, Wallfahrten, Kreuzgänge und Feiertage machen ihn zum Schwärmer, und bei Feuersbrünsten, Hagelwettern, Viehseuchen, Krankheiten, Wasser- und Wildschäden, Diebstählen etc. nimmt er seine Zuflucht zu Verlobungen. Man sieht auf allen Seiten Kapellen, Bilder und Feldkreuze; auch werden die Wallfahrten zu Maria zu Allersdorf nächst Biburg und am Brünnl nächst Appersdorf häufig besucht. Für die erste haben die Jesuiten mit aller anschaulichen Schwärmerei gesorgt; die zweite hat erst jüngst der Pfarrer in Aufnahme gebracht. Die Güter gelten nur einige 100 fl. und die Heiratsgüter sind ebenfalls gering. Biburg soll von Konrad Arbo und Bertha aus dem Geschlecht derer von Biburg 1125 für den Benediktinerorden gestiftet sein und kam 1589 in die Hände der Jesuiten; jetzt besitzt diese Einkünfte ein Malteser. Auch das vom Grafen Diepold von Vohburg im 11ten Jahrhundert für den Benediktinerorden gestiftete Kloster Münchsmünster erhielten die Jesuiten, und nachgehends ein Malteser. So ist auch die ehemalige Jesuiter-Hofmark Oberhaunstadt jetzt eine Malteser-Kommende.

# GERICHT MAINBURG UND ROTTENEGG

Wenn man Elsendorf ausnimmt, so sucht man hier Schul- und Gesundheitsanstalten vergebens. Die sogenannten Bader leben von den Aderlässen, daher es gewöhnlich ist, sich zweimal des Jahrs eine Ader öffnen zu lassen. Die gewöhnlichen Plackereien sind hier die nämlichen, besonders bei den Hofmarken, und alles hat noch den barbarischen Verband der Vorzeit. Die Pfarrer denken nur auf viele Bruderschaften und Andachten, auf ihren großen, kleinen und Blutzehend, und dann aufs Kartenspiel. Weil es hier an Klöstern mangelt, so helfen vorzüglich die geschuhten Karmeliten von Abensberg aus, die umso beliebter sind, weil sie mit ihrem geistlichen Gewerbe noch eine andere Eigenschaft vereinen, nämlich die eines sogenannten Lustig- oder Spaßmachers; sie belustigen die Leute mit Possen und Rätseln etc. und erhielten für ihre Kollektur durch diese Spekulation merkliche Vorteile. Auch die übrigen Mönche von den nahen Städten laufen zur Kollektur hierher. Nicht selten sind hier Unglücksfälle, als Feuersbrünste, Viehseuchen, Schauer, (des nahen Geisenfelder Forstes wegen) Wildschaden, besonders da ehehin so viele wilde Schweine gehegt worden, und das dadurch in Schwung gekommene Wildpretschießen gab auch zu Räubereien Anlass. Die Bewohner mögen daher nicht für vermöglich, sondern eher für arm gehalten werden. Die Güter gelten nur nach Hunderten, und ebenso verhältnismäßig klein sind die Mitgaben.

## GERICHT PFAFFENHOFEN

Aus dem bereits entworfenen Gemälde dieses Gerichts lässt sich schon schließen, dass die Regierung diesen Menschen ganz und gar keine Aufmerksamkeit schenkte. Außer den sehr mittelmäßigen Schulen zu Pfaffenhofen und in den zwei Märkten trifft man sonst keine an. Die Pfarrer, so groß auch hier ihre Menge ist, gehören fast alle in die Klasse derjenigen, deren wir beim Gericht Vohburg und Mainburg gedacht haben. Eine Ausnahme und Erwähnung verdienen der einzige Pfarrer *Nagel* zu Rohr und der benachbarte Pfarrer *Bucher*, die sich nicht nur im Ausland durch ihre Schriften bekannt, sondern auch in der Gegend durch ihre edle wohltätige Handlungsweise rühmlichst bekannt gemacht haben. Auch für die übrige Bildung, Bequemlichkeit und Sicherheit ist nicht im Geringsten gesorgt. Bloß zu Pfaffenhofen findet man einen geschickten Wundarzt; Hebammen sind nirgends anzutreffen. Der Abdecker versieht unter vielem Zulauf die Stelle des Doktors. Es existiert zwar zu Pfaffenhofen ein Physikat mit 100 fl. Einnahm, allein da der Streit, ob dieses Physikat nur der erhalten soll, der die Witwe heiratet, oder der Geschickteste, ohne Entscheidung schon zwei Jahre dauert, so blieb auch bis jetzt das Gericht ohne Doktor.

So geht es meistens! Denn es gibt nur wenige Physikate im Lande und dabei ist ein Einkommen 100 fl. schon viel. Sucht man nun so eine fixe Stelle, so ist man gezwungen, die Witwe oder Tochter des Verstorbenen und oft noch eine ziemliche Schuldenlast mit zu heiraten. Ebenso verhält es sich mit den wenigen Schullehrern[7] im Lande. Die Untertanen leiden in diesem Gerichte sehr viel durch Viehseuche, Feuersbrünste, Schneedruck, Schauer, Scharwerke, große Getreiddienste und unverhältnismäßige Abgabe, wobei die gerichtischen gegen die übrigen noch um vieles mehr angelegt sind. Aus diesem Grunde kümmern die Menschen sehr und auch von der Nachkommenschaft ist nicht viel zu hoffen, weil die Kinder schon allzu früh zu strenger Arbeit angespannt werden, wodurch das Wachstum des Körpers nach und nach gänzlich erstickt wird. Die Menschenklasse in diesem Gerichte ist also unter die elende und arme zu rechnen; die Mitgaben belaufen sich auch nur auf 50 bis 100 fl. und die Güter gelten im Durchschnitte nur einige Hunderte.

---

7 Erst jüngst befand ich mich in einem beträchtlichen Marktflecken. Da dauert ein ähnlicher Prozess wegen des Schullehrerverdienstes schon über drei Jahre; und seit dieser Zeit wird deswegen gar keine Schule gehalten. Eine Kleinigkeit!

# GERICHT KRANZBERG

Nach einer ordentlich eingerichteten Schule, nach einem aufgeklärten Pfarrer, einem Arzte oder verständigen Chirurgen oder Hebamme sucht man hier vergebens. Wenn der hier befindliche Bader zu einem Kranken gerufen wird, so führt er bei allen die nämliche Sprache: »Du musst«, sagt er, »ein paar Mal zum Brechen einnehmen, damit der Schleim und Unrat von der Wurz heraus und nicht in die Gedärme komme.« So wie sich der Bader auf seine Brechmittel verlässt, so nimmt die Hebamme, wenn sie gerufen wird und die Wehen anrücken, ihre Zuflucht zum Rosenkranz; kommen die Wehen stärker, wird ein zweiter gebetet, steigen sie noch höher – ein dritter, und es bleibt der Natur ganz überlassen, das Kind zur Welt zu befördern, das bis zur Taufe wie vom Teufel besessen gehalten wird, welches krasse Vorurteil fast noch durchgängig im Lande herrscht.

Auch mit anderm Ungemach, mit Schneedruck, Viehseuchen, Feuersbrünsten, unverhältnismäßigen Abgaben, unsicherm Eigentum, übermäßigen Scharwerk, Laudemien etc. haben die Bewohner dieses Distriktes zu kämpfen. Noch schlimmer geht es mit den Dienstboten, die immer seltner werden; und wenn die Soldatenaushebungen noch länger fortdauern, so gleichet dieses Gericht, sowie die meisten andern, einem allzu ausgelichteten Walde, wo bald kein brauchbarer Stamm mehr zu finden ist.

Der Vermögensstand ist an und für sich nicht gering. Die Mitgaben stehen auf 800 bis 1200 fl. und die Güter zu 2- bis 4000 fl.

## GERICHT DACHAU

Auch in diesem weiten Bezirk sucht man vergebens nach einem Doktor, Bader und einer Hebamme, und nach andern Sicherheits- und Bildungsanstalten; alles ist sich selbst überlassen, Geld und Leute ausgenommen, die die Regierung immer braucht. Ebenso geht es mit den Schulen. Bloß die braven Pfarrer *Hutterer* zu Niederroth, *Weilheimer* zu Vierkirchen und *Therer* zu Mamming haben aus eigenem Antrieb und Geldaufwand Schulen errichtet; der Letztere lässt jetzt auch allen Kindern unentgeltlich die Kuhpocken einimpfen. Unter den edlen Geistlichen dieser Gegend steht auch der geistliche Rat Kirchmayr, gegenwärtig Benefiziat zu Menzing, oben an; er machte sich durch die vorzüglichen beim Tode Max III. dem Vaterlands geleisteten Dienste berühmt und errichtete, sobald er das Benefizium bezog, mit aller Anstrengung eine sehr zweckmäßige Schule, und damit diese äußerst armen Kinder für die Schule Lust bekommen, sorgt man auch für ihren Unterhalt.

Die Bewohner dieses Gerichtes leben in einem elenden, untätigen Zustande wie die Tiere fort; Aberglaube und Religionszeremonien nähren ihren geringen

Verstand, und für die Regierungsforderungen muss sie immer der Gerichtsdiener aus dem Schlafe wecken und ihnen alles befehlen. Dass bei dieser Indolenz die Vermögensumstände nicht groß sein können, lässt sich leicht denken; die Mitgaben und Güterverkäufe beschränken sich auch, das Klöntal und einzelne Ortschaften ausgenommen, bloß auf einige hundert Gulden. Man hört in dieser Gegend viel von Schauern, Viehseuchen, Reifen, Feuersbrünsten, Schneedruck und andern Landplagen; selbst Wildschäden ereignen sich häufig, da besonders zu Sandelzhausen, viele wilde Schweine gehegt werden; auch andere Exzessen von Scharwerken, Laudemialfällen etc. sind auch hier nichts Ungewöhnliches.

## GERICHT STARNBERG

Man findet hier keinen aufgeklärten Pfarrer, keine ordentliche Schule, keine andern Gesundheitsanstalten. Sowohl der Wildstand, als trockne Sommer und Schauer tun der Landwirtschaft manchen Schaden. In vorzüglich traurigem Zustand befinden sich die im Parke oder dem Forstenrieder Staatsforst eingeschlossnen Dörfer. Übrigens stehen die Bewohner doch mittelmäßig, geben einige 100 Gulden Heiratsgut und der Wert der Güter belauft sich auf 2- bis 3000 Gulden.

Dieses Gericht gehört auch unter jene, die durch fürstl. Schenkungen vieles von Ertragnissen verloren; mehrere Untertanen kamen erst neuerlich zur Herrschaft Seefeld und zu den Hofmarken Laim und Pasing, zurzeit als die bekannte Gräfin Bettschart sie besaß.

# GERICHT WOLFRATSHAUSEN

Auch hier findet man keine ordentlich eingerichtete Schule. Mit dem sechsten Jahre werden die Kinder schon zur Arbeit angestrengt, und so ihre geistige und moralische Bildung vernachlässiget. Keine Gesundheitsanstalten, kein Doktor, kein geschickter Bader, keine Hebamme sind vorhanden, sondern alles bleibt dem Ungefähr überlassen, wodurch viele schon traurige Opfer eines zu frühzeitigen Todes wurden. Aberglaube und zu viele zeitsplittrige Feiertage herrschen auch hier, da die Klosterbewohner und die Pfarrer in einer Geistesindolenz ihre Tage verträumen und durch Frömmeleien auch dem arbeitsamen Feldbebauer seine Zeit entwenden. Nur zweier Geistlichen, die noch vor Kurzem das Gericht besaß, muss ich hier erwähnen, Männer, deren Geist sowohl das In- und Ausland in ihren schriftstellerischen Werken bewundert, nämlich des Pfarrers Socher zu Haching, jetzigen Professors zu Landshut, und des Pfarrers Mutschelle zu Berg am Laim, welche vereint mit dem Pfarrer Sedlmayer zu Biberg sich vorzüglich in der Gegend – Socher besonders auch durch seine ermunternden Beispiele in der Landwirtschaft – nützlich machten. In Rücksicht der ökonomischen Verhältnisse der Bewohner ist der Maßstab anzunehmen, dass die obern mittelmäßig, die mittlern schlecht und die untern ganz elend daran sind. Die Mitgaben, die in der obern Gegend einige Hunderte betragen, fallen in der mittlern auf 100 – 60 – 50 fl. herab, und im untern Distrikte ist überall Überschuldung vorhanden. So gelten die Güter hier auch nur einige 100 und steigen im obern Lande bis 2000 fl. Die unverhältnismäßigen Abgaben und Einhöfungen, die harten Grundherrschaften, namentlich das Kloster Tegernsee, das kurfürstliche Hofkastenamt München, das Kloster Schäftlarn, tragen viele Schuld an den misslichen häuslichen Verhältnissen der Einwohner, die noch überdies durch Scharwerke und andre Plackerei, durch stete Schauer, Viehseuchen, Feuersbrünste und Scharen von Bettlern geschlagen sind. Ehemals waren auch die Wildschäden nicht unbeträchtlich.

# GERICHT AU

Die öffentlichen Anstalten haben auch hier keine Fortschritte gemacht. Die armen Einwohner, unter denen kaum sieben Haushaltungen in einigem Wohlstande sich befinden, leben unter tausend Mühseligkeiten und Sorgen von einem Tage zum andern fort und können ihren Kindern, der Armut wegen, keine Erziehung geben lassen, die sie zu einer bessern Bestimmung als zu bloßen Taglöhnern eignete. Die Paulaner, die seit Kurzem aufgehoben sind, beherrschen den ganzen Ort und haben allein die Bräuerei inne, – ein für die Inwohner sehr misslicher Umstand. Denn, wenn das Bier misslingt, so müssen so viele Menschen dies schlechte Bier trinken, die sonst beinahe keine andere Nahrung sich verschaffen können.

Seit kurzer Zeit werden auf dem großen Mariahilfplatz das Jahr 2 Märkte gehalten.

Das für Hofbediente in der Au bestehende Krankenhaus wird gegenwärtig in ein Irrenhaus umgeschaffen.

# MÜNCHEN[8]

## Rumford'sche Suppe

Hierüber erteilen folgende Erinnerungen des Polizeidirektors Baumgartner den nötigen Aufschluss:

»Als der Plan, die Konvente der Franziskaner und Kapuziner von hier in andere Städte zu verlegen, seiner Realisierung sich näherte, war Seine kurfürstliche Durchlaucht vor allem darauf bedacht, dass es denjenigen, die bis hierher die unentgeltliche Klostersuppe daselbst genossen hatten, bei wirklicher Verlegung dieser Konvente nicht an der bisher empfangenen Nahrung fehlen möchte. Seine kurfürstliche Durchlaucht gaben mir daher aus eigener Bewegung den Auftrag, einen Entwurf zu machen, wie diese Klostersuppe durch die vorzügliche Rumfordische Suppe ersetzt und so für die ganze Stadt gemeinnützig gemacht werden könnte. Ich habe diesem höchsten Auftrag gemäß einem Vorschlag hierüber eingerichtet, welcher nach der von Seiner

---

8 Anm. d. Hrsg.: Die Beschreibung der Haupt- und Residenzstadt München umfasst bei Joseph von Hazzi gut zweihundert Seiten. Dem Ausnahmestatus der Stadt entsprechend weicht die Gliederung dieses Kapitels ganz von der Gliederung der anderen Ortsbeschreibungen ab; einen Abschnitt *Politische Verhältnisse* gibt es nicht. Deshalb soll er von zwei anderen Abschnitten, und nicht zuletzt durch die kontrastreiche Zusammenschau der beiden, vertreten werden.

kurfürstlichen Durchlaucht mir erteilten Genehmigung ausgeführt und hiermit bekannt gemacht werden darf. Denn wenn es

1) eine der ersten Polizeipflichten ist, für Wohlfeilheit und hinlänglichen Vorrat der Lebensmittel nach möglichsten Kräften zu sorgen, so ist die Erfüllung dieser Pflicht gewiss noch wichtiger, wenn es darum zu tun ist, der ärmern Volksklasse eine gesunde und sättigende Nahrung zu verschaffen; indem es ja außerdem in dem Augenblicke, wo der Reiche seinen Luxus einschränken muss, dem Armen an den unmittelbaren Lebensbedürfnissen fehlen müsste.
2) Obwohl seit einiger Zeit dieses letztere traurige Verhältnis in den größten Städten außer Deutschland eingetreten ist, so waren doch in München gewiss wenige, die hungerten, und dies aus der natürlichen Ursache, weil niemand an seinem rechtlichen Broterwerb gehindert wurde, weil die Freiheit des Handels mit Lebensmitteln die Leidenschaft des Habsüchtigen gegen seinen Willen zwang, dem Staate zu dienen, indem sie ihn ermunterte, mitten unter stehenden Heeren Magazine zu halten, die der Staat nicht zu bezahlen brauchte, und weil die Seligkeit, die die Menschen im Wohltun genießen, viele brave Einwohner bewog, das Schicksal mancher Bedürftigen in der Stille zu erleichtern, während das Armeninstitut dort, wo offenbarer Mangel eintrat, nach allen Kräften steuerte.

3) Ein Hilfsmittel zur Unterstützung der Bedürftigen blieb immer die bei den Franziskanern und Kapuzinern unentgeltlich ausgeteilte Kostsuppe, an deren Statt nunmehr die Rumford'sche Suppe ausgeteilt werden soll, deren Einfachheit, Güte und Gesundheit den Namen ihres Erfinders der Nachwelt aufbewahren wird. Diese Suppe soll aber als eine öffentliche Anstalt den Armen nicht aufgedrungen werden, sondern für die Zukunft in einer eignen im Polizeihause hergerichteten Küche gekocht und in einem daran stoßenden Zimmer an alle diejenigen, welche die Lust oder das Bedürfnis fühlen, sie abzuholen, käuflich überlassen werden.

4) Man sagt *käuflich überlassen werden*; denn es möchte nicht allerdings mit der Billigkeit übereinstimmen, dem Armen etwas am Almosen abzuziehen und ihm als Surrogat die Suppe zu geben, indem manche durch Arbeiten in Privathäusern auf andere Art sich ihre Nahrung zu verschaffen wissen, welche daher offenbar verlieren würden, wenn ihnen für eine Suppe, die sie nicht genießen, am Almosen etwas vorbehalten werden sollte. Ebenso schädlich würde es sein, die Suppe unentgeltlich zu geben, denn es ist bekannt, wie sehr es die Menschen verdirbt, sich sorglos dem kommenden Tag zu überlassen, wenn sie sich so ohne alle Mühe umsonst satt essen können.

5) Um diesen beiden übeln Folgen auszuweichen, wird also jedermann für die Zukunft um einen

Kreuzer eine halbe Maß gute, nahrhafte, frisch gekochte Rumford'sche Suppe um Mittagszeit auf der Polizei erhalten können. Die Polizei wird gewisse Billette, die nicht nachzumachen sind, verfertigen lassen. Wollen nun einige Menschenfreunde dem großmütigen Beispiel Seiner kurfürstlichen Durchlaucht und der Frau Kurfürstin Durchlaucht folgen, und einige wahrhaft Bedürftige unentgeltlich mit dieser Suppe nähren, oder will das Armeninstitut besonders verdienten Armen ihr Schicksal noch mehr erleichtern, so lassen dieselben so viele solcher Billette als sie wollen gegen bare Bezahlung jedes zu 1 kr. auf der Polizei ablangen und teilen es denen von ihnen gewählten Personen mit. Diese bezahlen dann mit diesen Billetten die Suppe, die sie holen, und die Wohltäter sind gewiss, dass ihr Wunsch, wohlzutun, auf zweckmäßige Art erreicht worden ist; denn die Billettempfänger können nun einmal mit den Billetten nichts anders anfangen, als eine Suppe damit ablangen. Zwei Portionen dieser Suppe werden im Stande sein, einen Menschen für einen ganzen Tag zu nähren und gegen Hunger zu schützen.

6) Auf diese geraden und einfachen Grundsätze gebaut, wird sich diese Anstalt, ohne irgendeine Klasse in München zu beeinträchtigen und ohne irgendjemanden Zwang anzutun, am sichersten erhalten, und jedermann wird sich täglich von der Güte der Suppe selbst überzeugen können,

welche noch kräftiger gemacht werden kann, wenn die Köchinnen die Zuwagen, die sie nicht nach Hause tragen wollen, in eigene, von der Polizei in den Bänken hingestellt werdende Körbe werfen wollen, welche Zuwagen dann mit der Suppe mitgekocht werden können. Der Erfolg wird es beweisen, welchen Dank für diese Anstalt, dem Durchlauchtigsten Stifter von allen Seiten zuströmen wird; Höchstwelche seit der Abreise der Franziskaner diese Suppe bis jetzt auf eigene Rechnung austeilen ließen und die Vorrichtung der Küche und des Speiszimmers auf der Polizei selbst auf die nämliche Art zu bestreiten befohlen haben.

München den 8ten März 1802.

Im 10ten Stücke des Münchner Anzeigers 1802 wurde dem Publikum bekannt gemacht, aus welcher Veranlassung und mit welch gemeinnützigen Maßregeln auf höchsten Befehl Seiner kurfürstlichen Durchlaucht die Austeilung der Rumford'schen Suppe durch die Polizei eingeführt worden sei. Die Austeilung dieser Suppe geschieht nunmehr 3 volle Monate mit solcher Zufriedenheit derjenigen, dieselbe genießen, dass die bei dieser wohltätigen Anstalt gemachten Erfahrungen dem Publikum bekannt gemacht zu werden verdienen.

Seit dem 11ten April d. J. ist die auf kurfürstlichen Befehl im Polizeihause zu diesem Zwecke hergerichtete Küche fertig und die Zeit über auch der Speisesaal vollendet worden, der nach dem vom Medizinalrat Xaver

Häberl im Krankensaal der barmherzigen Brüder zur öffentlichen Zufriedenheit ausgeführten Plane dergestalt gebaut ist, dass durch eine eigne Vorrichtung die durch das Zusammendrängen von vielen Menschen erzeugte schlechte Luft immer weggeschafft und mit gesunder Luft erneuert wird. Der Bau des Kochherdes ist so glücklich ausgefallen, dass zu einer Zeit, wo noch alle Wände nass waren, eine Klafter Fichtenholz 33 Tage lang hinreichte, um 6461 Portionen Suppe, jede eine halbe Maß haltend, zu kochen. Der General-Landesdirektionsrat Alois von Plank und der Hofoberbaumeister Franz Turm (welcher die Ausführung der Rumford'schen holzersparenden Herde ganz innehat) haben durch diesen Bau den Beifall aller Sachverständigen eingeerntet. Die Polizei ist genau dem von Seiner kurfürstlichen Durchlaucht ihr gnädigst erteilten Auftrag getreu verblieben, diese Suppe dergestalt herrichten zu lassen, dass sie, ohne jemanden aufgedrungen zu sein, gern und bis zur Sättigung genossen wird. Der Erfolg hat den auf diese Anstalt verwendeten Fleiß reichlich belohnt. Im Monat März wurden 5128 Portionen, im Monat April 5740 Portionen und im Monat Mai 7808 Portionen dieser Suppe ausgeteilt. Seine königliche Durchlaucht haben die Polizeidirektion mittels Kabinettsorder ermächtiget, auf Höchstdero und Ihrer Durchlaucht der regierenden Frau Kurfürstin Kosten an verdiente Personen, die wegen Gebrechlichkeit, Alter oder Überzahl der Kinder mit aller Anstrengung sich ihren Unterhalt nicht verdienen können, Billetts auf diese Suppe, und zwar täglich nach Erfordernis 200 derselben auszuteilen, welches denn auch getreuest befolgt wurde. Höchstdieselben haben mehrmals und zu unverhofften Zeiten, selbst unter Begleitung Höchstdero Frau Gemahlin, sich von dem Gang dieser Anstalt zu überzeugen geruht; Sie haben die Suppe aus dem Kessel und aus den hölzernen Schüsseln, wie sie angerichtet wird, versucht und allemal angenehm und nahrhaft gefunden. Mehrere hiesige Einwohner, vorzüglich Fremde, haben sich von der Einrichtung der Anstalt mit Vergnügen überzeugt, und von Traunstein, Neuburg und Straubing sind bereits Individuen dagewesen, um die ganze Einrichtung zu kopieren und dahin zu verpflanzen.

Das Speiszimmer hat ein gefälliges Ansehen, Fenster zu beiden Seiten, reine Luft und alle Bequemlichkeiten. Es ist mit einigen geistlichen Bildern und mit den Bildnissen der durchlauchten Stifter geziert und eine eingefasste Tafel an der Wand enthält die Beschreibung der Entstehung dieser Anstalt. Es ist gewiss ein Anblick, der eines wohlwollenden Menschen Herz erquicken muss, wenn man um 11 Uhr gegen Mittag in diesen Speisesaal tritt und Maurer, Zimmerleute, verschiedene Handwerker, Handlanger, Buben, Greise, Weiber mit Säuglingen und Kindern von 2 Jahren in der schönsten Ordnung anstehen und ihr reinliches, gesundes Mittagmahl mit Appetit und allem möglichen Anstande auf langen Tischen dankbar einnehmen sieht. Da die Portion nur auf einen Kreuzer eingerichtet ist, so hat jeder die Freiheit, wenn er eine Schüsselvoll verzehrt hat, wieder eine zu genießen, ohne gleich bei der ersten Schüssel, im Fall diese eine Maß zu 2 kr. enthalten würde, mehr als er vielleicht wollte ausgegeben zu haben. Eine große Quantität wird in Häfen nach Haus geholt, und man sieht aus den hübschen reinlichen Häfen, die geschickt werden, dass Menschen von verschiednen Klassen dieser Anstalt ihren Beifall schenken. Kindbetterinnen und Personen, die durch Alter oder Krankheit geschwächt sind, haben diese Suppe ohne die mindeste Beschwerlichkeit genossen. Da das Speisezimmer den Bedürftigen den Winter über zu einem Platze dienen soll, wo sie sich unentgeltlich erwärmen können, so wird man bei dieser Gelegenheit noch andre Anstalten damit zu verbinden suchen, die auf die Besserung der Menschen, ohne es zu scheinen, wichtigen Einfluss haben. Bis jetzt glaubt man, so viel gewonnen zu haben, dass die Menschen, ohne besonders dazu angehalten zu werden, sich selbst in Ordnung halten und eine gewisse Liebe zur Reinlichkeit zeigen, die sie dahin bringen wird, des Schmutzes, in dem sie Jahre lang zu Hause lebten, nach und nach überdrüssig zu werden.

Die Art, diese Suppe zu kochen, ist durch die seit 2 Monaten von der Köchin Elisabetha Schwaigerin versuchte Methode auf folgende Art bewährt gefunden worden:

Man heizt um 6 Uhr morgens den mit Wasser angefüllten Kessel, der z. B. 170 Maß hält, und schüttet in denselben um 7 Uhr, wo er zu sieden anfängt, 1 Viertel Erbsen. Zur nämlichen Zeit mischt man in dem Kessel 4 Pf. Salz und um 6 kr. Grünes bei. Dieses lässt man sieden bis ½ 10 Uhr, wo man 6/32 gebrochne Gerste mit 4 Maß Essig und etwas kaltem Wasser in einem hölzernen Gefäße wohl umrühret und selbes unter die kochenden Erbsen gießt und die ganze Masse noch eine Stunde sieden lässt, wobei die Maßregel erforderlich ist, dass selbe immer wohl umgerührt werden muss, damit sie weder anbrenne noch überläuft. Um 11 Uhr ist die Suppe fertig und kann mittels eines eine halbe Maß haltenden Schöpflöffels in die reinlich geputzten hölzern Schüsseln angerichtet werden, nachdem man in die Schüsseln zuvor dünne Schnittchen Brot nach Belieben gelegt hat. Dass diese Portion Suppe um einen Kreuzer gegeben werden kann, hängt von dem Vorteile ab, alle diese Lebensmittel zur schicklichen Zeit einzukaufen.

München den 7. Juni 1802.

Der Dürftige, der sich mit Wenigem begnügt, ohne einem seiner Mitbürger beschwerlich fallen zu wollen, darf gewiss auf die öffentliche Achtung Anspruch machen. Allein mancher lebt unter Umständen, die ihn nötigen, den Grad seiner Dürftigkeit im Äußerlichen sorgfältig zu verbergen. Für diese bescheidnen heimlich leidenden Menschen wurde an die Küche, wo die Rumford'sche Suppe ausgeteilt wird, auf Befehl Seiner königlichen Durchlaucht ein Kabinett errichtet, in welches man gelangen kann, ohne von jemandem gesehen zu werden, indem nicht jeder Gelegenheit hat, diese Suppe auf Verlangen nach Haus holen zu lassen. Man geht durch den Polizeihof durch, und diejenigen, von denen man daselbst bemerkt wird, können glauben, dass man auf die Stiege, die zur General-Landesdirektion führt, kommen wolle. Wenn man dahin gelangt, verbirgt eine

Bretterwand den Eintretenden, sodass niemand mehr sehen kann, ob derselbe die Türe zur General-Landesdirektion oder die Türe zur Küche wählt. Er tritt ungesehen in das Kabinett, verriegelt die Tür hinter sich, um sicher zu sein, von niemandem gestört zu werden, legt so viele Kreuzer, als er Portionen Suppe verlangt, in die Winde und läutet. In dem Augenblick wird durch die Winde das Verlangte hineingedreht werden. Nach genossener Suppe schickt er durch die Winde Schüssel und Löffel wieder zurück und entfernt sich, damit andre Individuen gleichfalls an dieser Anstalt Teil nehmen können. Sollte jemand kommen und die Türe verschlossen finden, so ist dies ein Beweis, dass das Kabinett besetzt ist und dass man nach Verlauf einer Viertelstunde wiederkommen könne. Man bürgt dafür, dass die Personen, welche in dies Kabinett eintreten, ganz verborgen sein und von keinem Auge belauert werden sollen.

München den 1. Juli 1802.

In der Polizeierinnerung unterm 5. Juni 1802 wurde die Anstalt wegen Austeilung der Rumfordischen Suppe dem Publikum umständlich vorgelegt. Es war daraus zu ersehen, dass im ersten Vierteljahre 18 676 Portionen verteilt worden sind. In den letzten drei Monaten Juni, Juli und August beträgt die Zahl 28 372 Portionen und beweist also, wie sehr die Zufriedenheit des Publikums mit dieser gemeinnützigen Anstalt gestiegen sei.

Wenn es der Polizei daran liegt, der dürftigen Menschenklasse eine wohlfeile und gesunde Nahrung zu verschaffen, so hat sie auch die Pflicht auf sich, den

Menschen nach und nach mehrern Begriff und Liebe zur Reinlichkeit beizubringen. Dies sieht man durch die Reinlichkeit, welche mit dieser Anstalt verbunden ist, zu befördern, denn was man täglich und sich immer gleich vor Augen sieht, nimmt man, ohne dass man es oft weiß und will, mit sich nach Haus und wird unbemerkt zur Gewohnheit.

Man warnt daher diejenigen, die die Suppe in Häfen holen, die Häfen erst wohl zu reinigen, indem man in unsaubere Häfen keine Suppe geben wird.

Manche Eltern sind in Verlegenheit, wo sie, während sie in Arbeit außer Hause sind, ihre Kinder hinschicken sollen. Die Kinder kommen dann nicht selten in üble Gesellschaft und machen während dieser Zeit einen ungleich größern Verlust an Moralität, als die Eltern indessen an Geld gewonnen haben. Diesen Eltern wird hiermit das Anerbieten gemacht, dass sie ihre Kinder untertags in diesem Saale, wo sie zugleich um einen Kreuzer essen können, zur Aufbewahrung belassen dürfen. Die Polizei wird alle Sorgfalt für diese Kinder haben und dieselben abends ihren Eltern unbeschädigt zurückstellen.

München den 4. September 1802.

Da gegenwärtig im Balden kältere Tage einzutreten beginnen, so wird bekannt gemacht, dass der Saal, wo die Rumford'sche Suppe ausgeteilt wird, den ganzen Tag wird geheizt werden, damit bedürftige Menschen sich unentgeltlich darin erwärmen können. Die Anstalt wegen Verkauf des Holzes im Kleinen geht ununterbrochen fort.

München den 5. Dezember 1802.«

Das Ganze befindet sich in allen Teilen wirklich so, wovon ich mich mit wahrere Rührung überzeugte. Alles hat ein reinliches menschenfreundliches Ansehen und des Tages werden 6 bis 800 Portionen, wovon 200 Portionen auf Rechnung Seiner königlichen Durchlaucht gehen, verteilt. Meistens kommen Arme, Studenten, Maurer, Zimmerleute und man lieset in ihren Minen Frohgefühl und Dankbarkeit. Die 2 Porträte des Kurfürsten und seiner Gemahlin sind in dem Saale sehr gut angebracht, denn sie haben sich durch diese Anstalt das schönste und edelste Denkmal gesetzt. Direktor Baumgartner bewies auch bei dieser Gelegenheit wie in mehreren Fällen nicht geringe Kenntnisse und viele Tätigkeit.

## Gefängnisse, Zuchthaus, Todesstrafen

Für Gefangene vom ersten Rang ist das Grafen- und Schottenstübel vorhanden, worin man mit Achtung behandelt wird.

Für die vom zweiten Rang dient der Neuturm, worin es einem engen Gefängnis gleichsieht.

Für die Bürger besteht die sogenannte Schergenstube am Rathaus.

Das Militär wird auf die Hauptwache und den Taschenturm, und gemeine Gefangne werden in den Falkenturm gesperrt, wo enge ungesunde Keuchen, Ketten und schlechter Unterhalt den Verbrecher erwarten.

Zu einem Arrestanten wird niemand gelassen; er wird nicht rasiert, kommt in keine freie Luft, ist gefesselt und wird also schon während der Untersuchung als Verbrecher gestraft.

Der Kriminalkodex ist sehr scharf. Stiehlt z. B. jemand auf ein- oder zweimal 20 fl. oder mehr in Geld oder Wert, so heißt es ein großer Diebstahl und wird mit dem Strang bestraft. Der Beisatz bei diesem Gesetze scheint fast auszudrücken, dass, wenn noch Hoffnung zur Besserung vorhanden, die Strafe des Stranges in die des Schwerts abgeändert werden kann. Bei einem gewalttätigen oder dreifachen Diebstahl wird weder auf die Summe noch andere Umstände gesehen und es tritt sogleich die Strafe des Stranges ein. Helfer und Partizipanten werden gleich dem Haupttäter bestraft. Monstranzendiebstahl samt der heiligen Hostie zieht die lebendige Verbrennung nach sich. Die Räuber werden lebendig gerädert, in eine Kuhhaut eingenäht zur Richtstatt hinausgeschleift und unterwegs öfters mit glühenden Zangen gezwickt. Der Todschläger wird enthauptet, so auch die ledigen Mädchen, wenn sie heimlich gebären, und ihr Kind tot gefunden wird. Auch den dritten Ehebruch trifft die Todesstrafe. So ergeht es auch den *Zauberern!*, *Hexen!* und *Abergläubischen!*, wo der Kodex lautet: »Öffentliche oder heimliche Bündnisse oder fleischliche Vermischung mit dem Teufel ober dessen Anbetung wie auch der heiligen Hostie Verunehr- und Missbrauchung zu teuflischen abergläubischen Sachen wird durch Feuer und lebendige Verbrennung gestraft etc.« Hexen gab es ehedem genug in München; sie hatten ein eignes Gefängnis, den noch existierenden Hexenturm, und es wurde jämmerlich mit ihnen verfahren. Der Majestätsverbrecher wird gevierteilt oder mit Pferden zerrissen und all sein Hab und Gut dem Fiskus heimgeschlagen. Der gefährliche Brandanleger wird wieder verbrannt; selbst der verrufne Wilddieb soll an dem Ort seines meisten Aufenthalts aufgehangen werden etc. Diese strengen und zwecklosen Gesetze haben bisher die Richter oft in Verlegenheit gesetzt, und daher ist es jetzt das eifrige Bestreben der gegenwärtigen Regierung, ein neues Kriminalgesetzbuch zu verfertigen. Ist einer seines Verbrechens nicht geständig und doch in gewisser Hinsicht verdächtig, dann wird auf die Tortur erkannt, nämlich auf folgende Art:

Wenn der Beschuldigte nach langem Zureden auf seiner Leugnung besteht, so führt man ihn in die Torturkammer, deren Wände ganz schwarz und um und um mit Lichtern behängt sind. Wohin der Angeklagte sein Auge wendet, erblickt er peinliche Werkzeuge. Man entkleidet ihn, legt ihm das Torturhemd an, das auf dem Rücken geöffnet ist, wirft ihn auf eine Bank und bindet ihn mit eignen Stricken die Hände und Füße so schmerzlich an die Pfeiler der Bank, dass schon hier die Menschlichkeit meistens unterliegt. Wenn nun der ganze Körper auf alle mögliche Art gespannt ist, so versetzt man ihm mit einer dicken Gerte oder Rute die zuerkannten Streiche, deren jeder das Fleisch bis auf die Gebeine entzweihaut. Gemeiniglich besteht die erste Tortur in 30 solcher Streiche. Dies wird den zweiten Tag, nachdem zuvor das angepappte Torturhemd schrecklich losgerissen wird, wiederholt und die Streiche nicht selten verdoppelt. Die Nacht, ehe die Tortur wieder vorgenommen wird, legt man ihm einen schweren, höchst beschwerlichen Ring um die Mitte des Körpers, wodurch derselbe auf eine peinliche Art zusammengepresst wird. Dazu kommen zuweilen eiserne Handschuhe, deren Last sehr ermüdend ist. So vorbereitet führt man ihn das dritte Mal in die Torturkammer. Nachdem er wiederhergerichtet und zugleich das dritte Mal der sogenannte Bock zuerkannt ist, ergreift ihn der Nachrichter in der Mitte und wirft ihn auf ein Brett oder Stuhl, aus welchem eiserne Spitzen ihm in das Fleisch dringen. Wenn er wieder ein wenig zum Gefühle seiner selbst zurückgekommen, befestigt man an jedem Daume und jeder großen Zehe kreuzweise eine Schnur und durch die Höhlung der Arme, welche auf den Rücken zurückgezogen sind, steckt man eine Walze voll eiserner Spitzen. Von Zeit zu Zeit zieht oder schnellt der Nachrichter die Schnur, welches den ganzen Körper erschüttert, wobei zugleich auch die Walze umgerieben wird. Dann werden dem Schlachtopfer die letzten 60 bis 70 Streiche langsam versetzt. Bei jeder Tortur ist ein Medikus zugegen, welchem aufgetragen ist, den Richtern anzuzeigen, ob der Körper im Stande ist, die Tortur auszuhalten. Wenn man allen diesen teuflischen Erfindungen von Peinen zusehen kann, weiß man wahrlich nicht, was man von der Menschheit denken soll! Nur selten steht einer die Tortur aus, und wenn auch, so ist doch seine Leibeskonstitution auf immer zerrüttet und er die frühe Beute des Todes. O Regenten!, vernichtet diese Kammern der Hölle, in welchen oft unschuldiges Blut Rache zum Himmel schreit!

Unter die Strafen, die zugleich entehrend sind, gehört das Zuchthaus, der Pranger, das Schragenstehen mit Schlägen, das Brennen des Buchstabens B auf den Rücken, das Aushauen mit Ruten, das Abschwören der Urfehde. Der Prozess wird bei verschlossnen Türen von einem Kommissär und Aktuar formiert, hierauf von einem Bannrichter die schriftliche Meinung abgegeben und endlich beim Hofgericht oder Magistrat ebenfalls bei verschlossnen Türen durch die Majorität der Stimmen darüber entschieden, wobei wenigstens 9 Räte sein müssen.

Die Todesstrafen sind, wie schon bemerkt, das Köpfen auf einem Stuhl, das Henken auf einem hohen Galgen außer der Stadt, das Radbrechen, wo den auf der Richtstatt Ausgespannten alle Glieder mit einem Rad abgestoßen werden, und das Verbrennen auf einem Scheiterhaufen. Die Feierlichkeit bei solchen Todesarten ist folgende:

Wenn einem Schuldigerklärten das Leben abgesagt ist, empfangen ihn die Beichtväter (ehemals Kapuziner), führen ihn in ein besseres Zimmer, wo diese Gesellschaft 3 Tage lang mit Gesottnen und Gebratnem bedient wird. Unter dieser Zeit soll sich der Verurteilte zum Tode, dessen Art ihm noch nicht angekündigt ist, vorbereiten; er darf Besuche annehmen, testieren etc. Am dritten Tag wird früh morgens eine eigne hierzu bestimmte Glocke am schönen Turm geläutet und am Rathaus das Gitter mit einem roten Tuch behängt. Der Verbrecher wird nun auf den Platz mit zusammengebundnen, aufgehobnen Händen, worin er ein Kruzifix hält, vorgeführt; unter der

Rathausstiege zeigt man ihn dem versammelten Volk, und nun tritt der Scharfrichter hinzu, bindet ihn noch einmal und bittet ihn wegen Verrichtung seines Amtes um Verzeihung. Währenddem liest man von obigem Gitter das Urteil herab, nach welchem ein kleiner Stab entzweigebrochen wird. Hierauf bringt man den armen Sünder mit 2 Priestern und dem Nachrichter auf einen kleinen Wagen und führt ihn unter Begleitung der bürgerlichen Scharwache oder 4 Mann mit einem Brustharnisch und Pickelhaube, und dem Gerichtsdiener zur Richtstatt, die von einem Kommando Kavallerie umringt ist. Ein Scherge schreit: *Stillo!*, und verbietet bei Leib und Lebensstrafe Hand anzulegen, falls dem Scharfrichter sein Amt misslingen sollte; das Gericht nähert sich zu Pferd und das Urteil wird vollstreckt.

Das Zuchthaus ist ein elendes Gebäude und der Aufenthalt aller auf einige Jahre oder auf ewig zum Gefängnis Verurteilten in langen höchst ungesunden Kammern. Die Züchtlinge müssen den Tag über spinnen und werden des Tags mit 4 ½ kr., an jedem der drei Krauttage mit 5 ½ kr., Kranke mit 7 ½ kr., Kinder über 6 Jahre mit 9 ½ kr. verköstigt. Die Gefangnen im Falkenturm erhalten des Tags 12 kr., die übrigen aber wie im Neuturm müssen selbst für ihren Unterhalt sorgen.

# GERICHT SCHWABEN

Es bestehen in diesem Gerichte zwar 25 Schulen, aber keine einzige davon verdient Erwähnung außer die zu Forstern. Die Pfarrer, die über sie wachen sollten, bekümmern sich weder um Erziehung noch um fernere Geisteskultur und sind zufrieden, dass das Walfahrten nach Tuntenhausen, eine Menge Kreuzgänge, Feiertage, Bruderschaften (deren es neun gibt) und andere dergleichen geistliche Possen in voller Aufnahm sind. Ebenso wenig trifft man hier eine Gesundheitsanstalt an. Ein paar medizinische Pfuscher, der Bauer Engl zu Garkofen und der Schustermichel zu Klon, quacksalbern ungescheut im Lande herum und setzen Gesundheit und Leben der armen Einwohner aufs Spiel, ohne dass ihnen ihr medizinisches Handwerk von der Polizei niedergelegt wird, weil selbst *vornehme Herrn* in München ihre Kuren denen der ordentlichen Ärzte vorziehen und sie deswegen kräftigst unterstützen. Die Bewohner, welche oft von Schauer, Viehseuchen, Schneedruck und Feuersbrünsten heimgesucht werden und denen die großen grundherrlichen Abgaben, besonders die zum Kloster Tegernsee, sowie die übrigen unverhältnismäßigen Zahlungen ohnehin jeden Aufschwung benehmen, sind im Ganzen arm zu nennen und können ihren Kindern nur 50–100, höchstens 300 fl. Heiratsgut mitgeben. Deswegen sind auch die Anwesen nur in dem Wert von einigen Hunderten. Die Gegend an der Sempt allein macht hierin eine Ausnahm.

## GERICHT HAAG

Wie überall so sind auch hier die Schulen vernachlässigt; einige suchen zwar durch die Unterstützung der Pfarrer und vorzüglich des Landrichters, der sich darum schon viele Mühe gab, in Aufnahme zu kommen; allein die Eltern wollen selbst die Kinder nicht in die Schule schicken; und Zwang besteht nicht. Die Gesundheitsanstalten waren vor Kurzem noch sehr schlecht. Erst unlängst starb ein junger Mann, weil ihm der Bader in Haag, ohne ihn gesehen zu haben, ein zu starkes Brechmittel verschrieb. Gegenwärtig ist doch ein Medikus vorhanden. Außer den zu großen grundherrlichen Forderungen sind hier die Einwohner von weniger Übeln gedrückt. Man hört von 1000 bis 2000 fl. Mitgabe, und die Höfe werden zu 4- bis 6000 fl. bar bezahlt; sodass hier immer ziemlich viel bares Geld vorhanden ist.

# GERICHT WASSERBURG

Als mittelmäßig können die Schulen zu Rieden und Roth angegeben, die Schule zu Pfaffing aber wirklich angerühmt werden, vorzüglich wegen der Unterstützung des würdigen Pfarrers Joseph *Hutter*, welcher Greis täglich allen Schulkindern, in der Zahl gegen 40, auf seine eigenen Kosten eine sehr gute Mittagskost reicht, wodurch die Kinder nicht nur angelockt werden, sondern auch keine Zeit im Hin- und Herlaufen verlieren. Außerdem wird von der Priesterschaft in diesem Gericht das Feiertaghalten, der Aberglaube, das Wallfahrten nach allen Orten und Enden noch so ziemlich genährt. Mit den Gesundheitsanstalten will es ebenso wenig vorwärts gehen; nur in Wasserburg existiert ein Physikus und ein Gesundheitsbad. Schauer, Schneedruck, Feuersbrünste, Scharwerke bei den Kloster- und Hofmarksuntertanen, die Leibeigenschaft der Untertanen von Hohenburg, unverhältnismäßige Abgaben etc. gehören unter die gewöhnlichen drückenden Übel. Der Vermögensstand ist mittelmäßig; daher belaufen sich die Mitgaben nur auf 200 bis 400 fl., und der Wert der Güter steigt von 800 bis auf 2000 und 3000 fl.

# RENT-AMT BURG-HAUSEN

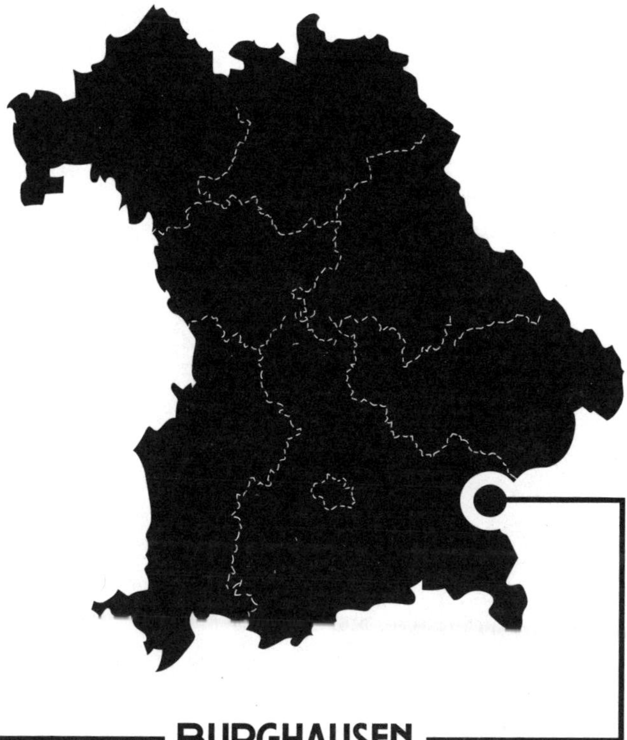
BURGHAUSEN

# GERICHT KLING

Auf Kirchen, Bruderschaften und Priester stößt man hier in Menge, aber Schul- und Gesundheitsanstalten vermisst man gänzlich. Nur die beiden Schulen zu Heßlwang und Eiselfing kommen jetzt durch die Unterstützung der zwei würdigen Pfarrer in einige Aufnahme. Sonst halten Schneider, Weber, Schuhmacher, die selbst kaum ihren Namen schreiben können, zu Zeiten Schule; in Pittenhart ist eine *alte Tagwerkerin* Schullehrerin und nahe am Kloster Seeau zu Kleinseeau ein *Beckerjunge* Schullehrer!! Auch andere Anstalten, z. B. gegen Feuer, fehlen ganz. Die häufigen Übel dieser Gegend sind: Reife, Schneedruck, Schauer, Mausfraß, Mangel an Menschen, unverhältnismäßige Abgaben, übertriebne grundherrliche Dienste, Scharwerke, Wildschäden (vorzüglich ehedem) etc. Die häuslichen Umstände kann man geringen Aufwands und vorzüglicher Sparsamkeit wegen im Ganzen gut angeben; die gewöhnlichen Aussteuern belaufen sich auf 3–600, bis 1000 fl., und der Wert der Güter auf 1000–3000 bis 5000 fl. Sehr gut stehen die Hanfbauern im Gebiet Lamsham.

## GERICHT HOHENASCHAU

Die Geisteskultur ist auch hier noch vernachlässigt und keine ordentlich eingerichtete Schule findet sich vor. Eine Anstalt aber, die Graf Preising auf allen seinen Besitzungen einführte, verdient hier bemerkt zu werden, nämlich dass alle armen Leute im ganzen Gericht auf gemeinsame Kosten sehr gut verpflegt und also keine Bettler oder andere hilflose Menschen angetroffen werden.[9] So sind auch hier alle Schandstrafen abgestellt, die in andern Gerichtern noch so häufig herrschen. Wenn ein Mädchen z. B. hier zum ersten Mal schwanger wird, so erleidet sie dafür ganz und gar keine Strafe; da im Gegenteil in manchem noch wilden Gerichte so ein Mädchen wenigstens 14 Tage die Geige (eine hölzerne Maschine wie eine Geige geformt) tragen muss, wenn sie sich nicht mit Geld abzufinden weiß. Scharwerke bestehen hier keine, daher mehr Wohlstand. Das Übrige hält gleichen Schritt mit der Nachbarschaft.

---

9 Anm. d. Hrsg.: Nicht alle Anstalten des Grafen Preising erfreuten sich freundlicher Aufnahme, so schreibt Hazzi einige Seiten zuvor über Wildenwarth: »Der Charakter der Bewohner ist kühn und hartnäckig; sie lassen eher das Leben als die eingesognen alten Vorurteile, und Tumulte von einer Menge zusammengelaufener Bauern ist hier nichts Seltenes. Als der Graf Preising hier eine neue Schule errichtete, fühlten die wütenden Bauern den katholischen Glauben in Gefahr und gegen die rasche Aufbrausung mussten sich die Obrigkeiten flüchten.«

# GERICHT MARQUARTSTEIN

Die Schullehrer leben als arme Handwerker auch hier sehr kümmerlich, und das Schulwesen ist daher bloß der Willkür überlassen. Aberglauben wird an den Wallfahrtsorten Mariaegg und am Schnappen bis zum Ärger genährt. Außer einem Bader, der mit einigen Gesellen das ganze Ländchen dieses Gerichts versieht, mangeln andere Gesundheits- und Sicherheitsanstalten ganz. Unglücksfälle, Brand, Schauer und dergleichen sind nicht selten; dabei die grundherrlichen Abgaben groß. Obgleich die vielen Feiertage streng abgestellt sind, so werden sie hier doch so pünktlich wie vorher gehalten. Der Vermögensstand der Einwohner ist nicht groß. Die Aussteuer beläuft sich gewöhnlich auf 50 bis 100 fl., nie über 300 fl., und die Güter werden zu 800, 1200 bis 2000 fl. angeschlagen.

# GERICHT TROSTBERG

Die Heilkunde sowohl als die Schulen erscheinen hier in einem gänzlich vernachlässigten Zustande. Nach altem Herkommen legen sich die Chirurgen oder Bader nur aufs Bartscheren, Purganzen und Aderlassen. Eine Hebamme ist gar nicht vorhanden. Bei Krankheiten nimmt jedermann seine Zuflucht zu geistlichen Mitteln; deswegen fehlt es hier nicht an Kirchen, Kreuzgängen, verlobten Feiertagen und Bruderschaften, wovon zu Trostberg die Rosenkranz- und Junggesellenbruderschaft und der Liebesbund, zu Engelsberg die 7 Schmerzenbruderschaft, zu Emertsham die 14 Nothelfer-, zu Kienberg die Michaeli-, zu Feldkirchen die Schutzengel-, zu Tacherting die St. Anna- und zu Deinting die Sebastianibruderschaft zeugen.

Das Kloster Baumburg kommt in *Bojaria Noricorum* als ein *castrum* vor und wurde von Adelheid, einer Tochter Kunonis Grafen zu Medlingen und Frontenhausen gestiftet, aber diese Stiftung erst von ihrem dritten Gemahl Berengarius Grafen von Sulzbach 1108 für den Orden der regulierten Chorherren ausgeführt. Falkenstein erzählt die Geschichte dieser Stiftung auf folgende Art:

Pfalzgraf Kuno von Medlingen hatte mit Marquard Grafen von Marquartstein starke und immerwährende Fehden: demungeachtet wusste Graf Marquard die Tochter des Pfalzgrafen Kuno Adelheid zur Liebe und zur Flucht aus ihres Vaters Schlosse zu bewegen, worauf er sich auch mit ihr verehelichte. Dieser Schritt besänftigte aber den Kuno keineswegs; er enterbte vielmehr seine Tochter. Zwei Monate nach der Trauung wurde Graf Marquard nicht weit von seinem Schlosse überfallen und tödlich verwundet. Vor seinem Ende vermachte er seine Grafschaft Marquartstein der Adelheid mit dem Bedinge, dass sie auf seinen Gütern ein Kloster zur Ehre der heiligen Margaretha stiften sollte. Adelheid verehelichte sich nachher mit Graf Ulrich von Pütten und nach dessen Tode mit Berengar, Grafen von Sulzbach, den sie vor ihrem Tode beschwor, obige Bedingung zu erfüllen, und er tat es auch, und so entstand das Kloster Baumburg, wo man noch die Ruhestätte der Adelheid, des Kuno, Marquard, Ulrich und Berengar findet, wie sich meist die Ritterromane endeten. Einen so prächtigen Anblick dieses Kloster, womit zugleich ein Archidiakonat verbunden ist, von fern her gewährt, so schmutzig erscheint es im Innern. Die Klostergeistlichen versehen einige Pfarreien und unterhalten einige Singknaben; übrigens tun sie nichts für Erziehung oder Geistesbildung, sondern verlegen sich auf den Müßiggang, leben in Zwietracht und Ausschweifung und nähren mitunter getreulich den Aberglauben. Ebenso wenig hat bei ihnen die Kultur Eingang gefunden, sodass selbst der Klosterberg sich noch sehr wüste und verwildert darstellt.

Die Bewohner dieses Gerichtes werden von mancherlei moralischen und physischen Übeln gedrückt. Es hausen hier noch sehr drückende grundherrliche und unverhältnismäßige landesherrliche Abgaben, viele Scharwerke bei den Hofmarken, und Sammlungen

– selbst der Scharfrichter nebst seinem Knecht von Burghausen sammelt in der Gegend –; man leidet viel von Schauer, Schneedruck, Reifen, Wasserschäden und Schneckenfraß, auch hört man hie und da von Feuersbrünsten, wozu ohnehin die Löschanstalten mangeln; natürlich lässt sich also hier nirgends Wohlstand erwarten. Die äußern Bewohner gegen den Chiemsee sind wahre Bettler und nur die Einöder gegen Kling und Wald hin stehen mittelmäßig. Ein halber Hof gilt 1000 bis 2000 fl.; die Heiratsgüter belaufen sich auf 2- bis 400 fl. Bei dieser Armut macht es diesem Völkchen doppelt Ehre, dass sich vor einigen Jahren sämtliche Untertanen aus freiem Antrieb erboten, den Hinterstand ihres Beamten von 15 000 fl. zu tilgen, wenn er bleiben dürfte, weil er in dies Unglück mehr aus politischen Verhältnissen und etwas leichtsinniger Hauswirtschaft versetzt wurde, und er sich außerdem mit den Untertanen gut benahm.

## GERICHT WALD

Ungeachtet die 4 Kirchen an Kapitalien über 250 000 fl. besitzen, wovon ein benachbarter adeliger Güterbesitzer mehrere tausend Gulden zu 1 oder 2 Prozente hatte, so kann man doch annehmen, dass dieses Gericht weder eine Schule, noch irgendeine andere Kultur- oder Gesundheitsanstalt hat. Alle drei Jahre rechnet man hier einen Schauer und mitunter gibt es auch einzelne Feuersbrünste. Doch befinden sich die Untertanen im ziemlich mittelmäßigen Zustand. Die Heiratsgüter kommen auf einige hundert und die Güter auf 2, 3 bis 4000 fl. zu stehen.

## GERICHT NEUÖTTING, MARKTL UND LEONBERG

Die Schule zu Engelberg, Neukirchen und vorzüglich die des Renk zu Altötting verdienen einer Erwähnung; übrigens sind sie vernachlässigt, sowie die Entlegenheit und das frühe Anstrengen der Kinder zur Arbeit sie die Schule zu besuchen abhält. Mit den Gesundheitsanstalten geht es nicht viel besser. Geschickte Chirurgen fehlen ganz; nur zu Altötting wohnt ein Doktor und unfern davon befindet sich ein sonst häufiger besuchtes Bad. Ein Klausner zu Egenfurth macht einen Universaldoktor nicht bloß für diese Gegend, sondern für das ganze Land, ob er schon nicht die geringsten wissenschaftlichen Kenntnisse besitzt und nicht einmal lesen und schreiben kann. Er hat wie ein wahrer Wundermann allgemeinen Zulauf, erwirbt sich Reichtümer und wird in diesem Quacksalbern sogar von der Regierung geschützt. Ungeachtet so mancher drückender Abgabe, besonders der unverhältnismäßigen Steuern und des häufigen Getreidgarbensammelns in dieser Gegend – auf das sich der Scharfrichter, die Gerichtsdiener, Jäger und selbst der Bader legt, stehen die Leute doch so ziemlich gut und geben ihren Kindern mehrere hundert Gulden Heiratsgüter. Ein halber Hof kostet 2 bis 4000 fl. In der untern Gegend um Marktl, Hohenwart und der Alz herum findet sich alles um zwei Drittteile schlechter. Die Jagd und das Forstwesen geben sonst hier zu manchen Exzessen Veranlassung; das eigene Forstgericht ist aber jetzt aufgehoben und der Kultur mehr Spielraum gegeben. Sehr drückend für viele Untertanen ist auch die Lehenbarkeit zum Majoratgut Gutenburg.

Kloster Raittenhaßlach wurde vom Graf Wolfram aus dem berühmten Geschlecht der Grafen von Abensberg und dessen Gemahlin Hema 1143 für die Zisterzienser Mönche gestiftet und anfänglich in dem Dorf Schützing an der Alz erbaut; weil aber dieser Fluss dem neu entstehenden Kloster schon vor seiner Vollendung den Untergang drohte, so wurde es 1146 in dem Ort Raittenhaßlach zu Stande gebracht und liegt noch gegenwärtig prächtig gebaut im engen Salzachtal eine halbe Stunde vor Burghausen. Es ernährt 27 Priester, die wieder anfangen, sich den Wissenschaften und Schulen zu widmen; es wurde sogar seit Kurzem eine Industrieschule von Mädchen errichtet, wobei sich die Klosterrichterin Königer als Hauptlehrerin viele Verdienste erwarb. Dem großen Saale im Kloster fehlt eine gute Dekoration sowie der Bibliothek die modernen Werke; das Naturalienkabinett gehört nicht unter die unbeträchtlichern. Das Kloster versieht manche Pfarreien und bezieht aus der Gegend beträchtliche Einkünfte ohne weiter wohltätig zu werden.

# GERICHT KRAIBURG UND MERMOSEN

Vergebens sucht man hier nach Anstalten zur Geistesbildung oder Gesundheitspflege; nicht einmal eine Hebamme ist vorhanden. Die Menschen sind sich in allem selbst überlassen, außer wenn man sie zum Zahlen oder, um gestraft zu werden, zu Gericht beruft. Ungeachtet die gewöhnlichen physischen und politischen Übel auch hier den Landmann plagen, so steht er sich doch des guten Bodens und seines Fleißes in der Ackerwirtschaft wegen ziemlich gut, gibt 6, 8 bis 1200 Gulden Heiratsgut mit und bezahlt den halben Hof zu 2-, 4- bis 8000 fl.; die Höft werden aber höchst selten verkauft, weil sie für ein Kind gleichsam wie Fideikommisse behandelt werden.

## GERICHT TRAUNSTEIN

Die Geisteskultur ist hier ebenso vernachlässigt als andere polizeiliche Gegenstände. Unter den Schulen, die Erwähnung verdienen, ist die zu Siegsdorf, vom ehemaligen Hofkammerrat Kohlbrenner mit einem Benefizium gestiftet, fast die einzige. Zu Traunstein befindet sich ein Medikus; an guten Chirurgen fehlt es durchgehends. Man klagt in diesem Gericht sehr über Schauer und Wasserschäden, große grundherrliche Forderungen und übrige unverhältnismäßige Abgaben sowie oft über die Salzscharwerke und über die Privilegien der Holzmeister, die die Holzlieferung zur Saline in Pacht haben, wodurch sie den übrigen Untertanen die Nahrungsquellen vertrocknen und ihnen nebenbei Dienstboten und Arbeiter entziehen, dies Letztere umso mehr, da in der kurfürstlichen Holzarbeit die jungen Leute gewisse Freiheiten genießen, z. B. von Militäraushebungen befreit sind. Auch über die Holzlieferungen, Holzabgaben werden immer viele Beschwerden erregt. Es ist daher kein Wunder, dass in dieser Gegend immer und vorzüglich seit Kurzem viel Unzufriedenheit und Stoff zu Gärung herrscht.

Der Wohlstand der Bewohner kann dieser Ursache wegen natürlich nicht groß sein. Äußerst schlecht ist er gegen den Chiemsee zu; erträglich im innern Gebiete und etwas besser gegen Salzburg zu. Die Güter gelten einige Hundert und die Heiratsmitgifte steigen von 50 fl. bis höchstens auf 300 fl.

Ein gemeiner Bauer namens Oberhäuser hat sich selbst zu einem sehr unterrichteten Mann gebildet. Er besitzt so viel natürlichen Verstand als andere Kenntnisse und man findet bei ihm eine artige Bibliothek.

Der geschickte Pfarrvikar Joseph Lechner zu Siegsdorf (dem wichtigsten Dorf in diesem Gericht am Zusammenfluss der weißen und roten Traun) hat aus seinen Pfarrbüchern wichtige Resultate von seiner Pfarr geliefert.

Die Pfarr besteht aus 314 Häusern mit 2082 Bewohnern. Von 1640 bis 1802 inklusive – also in einem Zeitraum von 162 Jahren – betrugen die Kinder in der Ehe männlich 626, weiblich 551; Zwillinge in der Ehe männlich 66, weiblich 41; außer der Ehe männlich 4, weiblich 6; Zwillinge beiderlei Geschlechts 7; mithin die Totalsumme der Gebornen 11 776. Getraut wurden 2454 Paar. Davon starben Kinder nach der Geburt 448; Kinder unter einem Jahre 3637; übrige 6241; mithin Totalsumme 10 326. Die weiteren Folgesätze sind, dass in diesem Kirchspiel innerhalb 163 Jahren 1450 mehr geboren als gestorben sind; die Knaben ehelicher Geburt übertreffen die Zahl der Mädchen ehelicher Geburt um 393; die Knaben unehelicher Geburt aber die Mädchen unehelicher Geburt um 75. Die beiderlei Geschlechtszwillinge ehelicher Geburt übertreffen die Zahl der männlichen ehelicher Geburt um 22, der weiblichen um 47. Bei den unehelichen Zwillingen ist die Zahl der männlichen die kleinste, dann folgt die der weiblichen; alle beide aber werden von der Zahl der beiden Geschlechtszwillinge übertroffen. Unter 10 599 Kinder ehelicher Geburt befinden sich 195 Paar Zwillinge, einmal Drillinge und einmal Vierlinge; unter 1177 Kindern unehelicher Geburt aber 17 Paar Zwillinge. Nach einer andern Zahl ist im Allgemeinen das 10te Kind unehelich. Nach einem angestellten Vergleich der ehelichen Kinder mit den unehelichen in abgeteilten Zeiträumen von 30 Jahren ergab sich folgendes Verhältnis:

| Zeitraum | Eheliche. | Uneheliche. | Quotient. |
|---|---|---|---|
| 1640–1669 | 2083 | 284 | 8 95/284 |
| 1670–1699 | 2180 | 199 | 11 190/199 |
| 1700–1729 | 1893 | 169 | 11 34/169 |
| 1730–1759 | 1802 | 162 | 12 10/81 |
| 1760–1789 | 1806 | 230 | 9 2/23 |

Die Zu- und Abnahme der Ehen zeigt diese Tabelle:

| Zeitraum von | Zahl der Ehen. |
|---|---|
| 1640–1669 | 517 |
| 1670–1699 | 497 |
| 1700–1729 | 407 |
| 1730–1759 | 447 |
| 1760–1789 | 406 |

Die Abnahme der Ehen ist auffallend groß, wie schon einmal bei den obern Gebirgsgegenden bemerkt wurde. Einen wahrhaft traurigen Anblick gewährt das Verzeichnis der Verstorbenen. Kaum traut man seinen eigenen Augen. Unter 10 326 Gestorbenen erreichte nicht der

24ste die Lebenszeit einer einzigen vollen Stunde und unter 10 Gestorbenen waren immer 4, die kein ganzes Jahr erlebten.

Diese Aufschlüsse zeigen, wie wichtig *gut geordnete* Geburts-, Toden- und Trauungsbücher wären; denn von den vorhandnen so vernachlässigten kann man unter hunderten kaum eines benutzen.

## GERICHT REICHENHALL

Im Städtchen ist eine gute Schule vorhanden, das Land aber so vernachlässigt in jeder Rücksicht wie das Gericht Traunstein; die Untertanen sind hier noch ärmer als dort.

Das Kloster St. Zeno verdankt seine Stiftung vom Jahr 1120 für die regulierten Chorherren dem Konrad von Abensberg, damaligen Erzbischof zu Salzburg; was aber die Menschheit diesem Stifte zu danken hat, ist nicht bekannt. Man bemerkt hier, wie in den meisten Klöstern, nicht einmal Apparate für die Aufklärung; der Körper wird wohl genährt, der Geist aber geht leer durch!

# GERICHT JULBACH

Der Pfarrer Andreas Maier unterhält aus eigenem Antrieb eine Schule, besoldet deswegen einen dritten Priester, und um den Kindern mehr Lust zu machen, gibt er den Armen die Kost und verteilt Prämien unter sie; aber für alle diese Aufopferungen hatte er, wie es gewöhnlich geht, bloß Verdruss und schon manchen Auflauf der Bauern zu bestehen, die sich auflehnen, dass man ihre Kinder aus dem Viehstande zu erheben sucht, und durchaus keine lutherischen Schulen wollen, sondern darauf bestehen, dass man alles beim Alten, also auch ohne Schule lassen soll. Eine zweite Schule nimmt zu Erlauf einen guten Anfang, aber die Kinder werden von den Eltern noch immer mit Gewalt zurückgehalten. Chirurgen, Hebammen und andere Gesundheits- oder Sicherheitsanstalten sucht man vergebens. Schneedruck und Regengüsse verursachen manches Jahr großen Schaden in dieser Gegend, wodurch das Unglück bei diesen ohnehin so armen Leuten noch vergrößert wird. Die Rubrik von Heiratsgut verdient nicht angeführt zu werden; die Güter gelten nur einige Hunderte. Unter solchen Umständen kann das Ganze nur das Bild eines wilden kümmerlichen Lebens darstellen.

# GERICHT GRIESBACH

Im ganzen so beträchtlichen Gericht vermisst man ordentliche Schulen und Gesundheitsanstalten; zu Griesbach ist wohl ein Doktor, allein keine Apotheke, und an andern Orten finden sich nur gewöhnliche Aderlasser und Bader vor. Bei Krankheiten nehmen die Leute ihre Zuflucht zu alten Weibern, Schindern und zu abergläubischen Mitteln, daher hat hier der Mönch mit seinem Hexenrauch, der Zahnarzt mit seiner Salbe, der Schatzgräber mit seiner Wünschelrute und die vielen andern Vagabunden und Sammler gute Kundschaften; besonders fehlt es deswegen den Klosterkirchen an wundertätigen Bildern nicht. Wegen der Pferdzucht ist die Hauptwallfahrt und Verehrung zum heiligen Leonhard als den Minister bei Gott im Pferdefache. Da man die alten Weiber noch für Hexen hält und bei dem mindesten Anstand von Verhexung hört, so haben auch die Hexenpater hier eine reiche Ernte. Auf der Liste der bisherigen Sammler stehen folgende Personagen: Die Kapuziner und Franziskaner begehren Schmalz, Eier, Gerste und Wolle; die barmherzigen Brüder Korn, Geld und Schmalz; die Gerichtsdiener Getreid, ihre Knechte Flachs; die Schinder oder Wasenmeister und Jäger Getreidgarben und Flachs; der Scharfrichter auch Flachs; die Messner Getreidgarben; die Kapläne Flachs; eine Menge Musikanten und Zigeuner etc. machen den Schluss. Dazu kommen dann die grundherrschaftlichen

Abgaben an Geld und Getreid, bei den Hofmarken die Scharwerke; die Pfarrer holen die Zehenden und zuletzt sind noch die Staatsabgaben, die freilich am wenigsten betragen, zu bestreiten. Demungeachtet steht diese Gegend im Wohlstand; eine sehr mittelmäßige Aussteuer beläuft sich auf 1000 fl. Die Güter gelten mehrere Tausende und gehen wie Fideikommisse auf die Kinder mit vielen Austragverhältnissen über. Von andern misslichen Umständen und Unglücksfällen, einzelne Feuersbrünste ausgenommen, hört man hier nichts. Einen großen politischen Einfluss haben die vier Klöster.

St. Salvator, das dann erscheint, wann man von Vilshofen her einen hohen Berg überstiegen und einen traurigen Wald durchwandert hat, wurde 1298 von Bernardo und Frideriko Peringariis, *vulgo* den Pöringern, damaligen Weltpriestern, für den Prämonstratenser Orden gestiftet und mit einigen Priestern vom Kloster Osterhofen vermehrt. Gegenwärtig leben hier nur 10 Konventualen, meistens junge Leute, denen man es beim ersten Blick ansieht, dass sie mehr für ihren Leib als für Geisteskultur Sorge tragen. Es sind hier ganz und gar keine Bücher vorhanden, die zur höhern Bildung führen.

An der Straße von Passau her prangt das Kloster Fürstenzell, das 1275 ein gewisser Hartwig, Kanonikus zu Passau, für den Zisterzienserorden stiftete. Dieses Kloster, das nachher die herzogliche Familie mit Geschenken bereicherte, liegt wie in einem Blumenkorb von den schönsten und blühendsten Gärten umgeben, in denen man lange verweilt, um die geschickte Hand des Gärtners und Baumziehers zu bewundern. Nähert man sich nun dem Gebäude, so fallen die Aufschriften: Industrieschule, Feiertagsschule, Baumschule, in die Augen und wie wird man überrascht, wenn sich die Zimmer öffnen und ein Schwarm blühender Mädchen die weiblichen Lehrerinnen umgibt, von denen sie Unterricht im Stricken, Spinnen und andern weiblichen Arbeiten empfangen. Ebenso erhalten die Knaben jeden Unterricht, vorzüglich in der Obstkultur und Landwirtschaft. Gegen 80 Kinder besuchen diese Schulen und man gibt ihnen sowohl die Bücher als übrigen Materialien unentgeltlich. In die Feiertagsschule strömen eine Menge erwachsener Jünglinge und Mädchen. Zu Ende des Jahrs werden die Preise verteilt. Der gegenwärtige Abt hat sich dadurch ein unsterbliches Denkmal errichtet, und da dies die wahre Methode ist, den rohen Zustand zu vertilgen und durch die Feiertagsschulen sogleich ein Menschenalter zu überspringen, so wird in 20 Jahren das Rottalvolk auch an Geisteskultur mächtig gewonnen haben, und durch die leider! erst seit 2 Jahren entstandnen Schulen dasjenige gut gemacht werden, was die Priester bei diesem Volk verdarben. Oberhalb diesen Schulen sind diejenigen für die Singknaben oder angehenden Studenten. Im ganzen Kloster, in dem 27 Priester wohnen, herrscht durchgängig Reinlichkeit; nur die Bibliothek muss noch modernisiert werden, wozu auch schon Vorbereitungen getroffen sind.

Desto finsterer sieht es im schön gebauten Kloster Fahrnbach aus, das 1093 Thiemon und Egkenbert, Grafen von Neuburg, am Inn nächst der Grafschaft

Neuburg für den Benediktinerorden stifteten, und ihr Schloss zu Fahrnbach wie gewöhnlich dazu verwendeten. Die meisten Besitzungen des Klosters sind in Österreich; daher bekümmern sich die Mönche nicht viel um das baierische Vaterland, aber desto mehr um ihre österreichischen Weine.

Das Kloster Asbach, das sich mächtig im blühenden Rottal emporhebt, hat der Frau Christine, Geroldi Grafen zu Frauenstein und Ehring Witwe, das Dasein zu verdanken und zwar vom Jahr 1127, für die Regel des heiligen Benedikts, für welche man, sowie für andere kirchliche Zeremonien, hier noch ganz allein zu leben scheint, denn die Hauptsorge der Mönche geht auf ihren neuen Kirchenbau; für höhere Gegenstände haben sie nicht Lust; selbst ihre Ökonomie am großen Mairhof liegt noch unter schweren Verhältnissen – doch die reichen Stiftungen haben dergleichen Sorgen bei Klöstern überflüssig gemacht. Sogenannte Singknaben, aus denen mit der Zeit Studenten werden, findet man auch hier, wie fast überall.

## GERICHT VILSHOFEN

Außer der Stadt Vilshofen trifft man nirgends ordentliche Schulen, gebildete Priester oder andere Gesundheits- und Sicherheitsanstalten an; desto mehr hört man von Andachten, Bruderschaften, Feiertagen, Ablassen und Wallfahrten. Die grundherrlichen Dienste und Scharwerke sind hier sehr drückend, sowie sich auch noch andere willkürliche und sehr beschwerliche Gutskontrakte mit den Untertanen vorfinden. Unterdessen macht der gute Boden die Leute so ziemlich vermöglich, ob man gleich das Ganze um ein Drittel geringer als im Gericht Griesbach annehmen darf. Nur mittelmäßig steht es mit dem fleißigen Waldbewohner, der sich zu viel abbetteln lässt. Weil hier z. B. Flachs gewittert wird, so drängen sich alle sowohl geistlichen als weltlichen Standes hierher, um Flachs zu betteln und zu sammeln. Die übrigen Einsammlungen sind ohnehin diesseits und jenseits gewöhnlich, so auch, wie im ganzen Lande, die fatalen Zehende.

Das Kloster Aldersbach hat zu seinen Stiftern die Gebrüder Rubbert und Caloh, Grafen von Aldersbach, im Jahre 1050 und zwar zuerst für die regulierten Chorherren nach der Regel des heiligen Augustin. Der heilige Otto, Bischoff von Bamberg, vermehrte diese Stiftung sehr, indem er passauische Zehende und den Nordwald Hardt etc. dahin schenkte sowie auch 1146 einige Zisterzienser von Ebrach dahin versetzt wurden, die sich nach dem Abzug der regulierten Chorherrn nach Suben bis auf den heutigen Tag fortpflanzten. Die Abtei ist prächtig am Abhang einer Anhöhe gebauet, die ein artiges Wäldchen bedeckt, und macht in der so bunten Gegend einen schwermütigen Eindruck. Das Innere zeugt von Reinlichkeit, aber auch auf allen Seiten von Möncherei. Die Bibliothek hat vorzüglich alte Sammlungen. Sonst findet man von allem etwas hier, selbst manche Pracht in Möbeln, aber wenig Geschmack. Das Kloster genoss bisher das Glück, in den Äbten gute und strenge Hausväter zu besitzen, daher ist überall Wohlstand, an Vorrat und barem Geld Überfluss, sodass diese Abtei in jeder Hinsicht die reichste im Lande sein mag. Dreißig Seminaristen werden hier umsonst unterhalten und zu Studien, freilich nach Klostersitte, gebildet. Die 40 Priester lassen sich bei guter Versorgung die ganze pedantische Bernhardsregel gefallen, essen und trinken gut, psalmieren und zeremonieren mitunter und sterben wie die Sternschnuppen dahin.

St. Nikola, eine ebenfalls prächtig gebaute Abtei vor dem Inntore von Passau, wurde gemeinschaftlich wie im Liebesbund vom Bischof Altmann zu Passau und der Kaiserin Agnes, Gemahlin Heinrich des Dritten, 1074 für den Orden der regulierten Chorherrn reichlich gestiftet. Hier herrscht mehr Luxus und Freiheit als in allen übrigen Klöstern des Landes. Man findet auch moderne Literatur, ein Naturalienkabinett und schön eingerichtete Zimmer. Die Herrn Kanonici haben volle Freiheit, nach Passau zu gehen, und es ist Sitte, dass das Kloster für jeden einen eigenen Studenten in der Stadt unterhält, sodass also jeder Chorherr einen gewissen *Attaché* dort hat, der wahrscheinlich auch für die *Attachée* die Bestellungen zu machen übernimmt. Dass es dem Kloster und den andern dazugehörigen Kirchen an mirakulösen Bildern und Wallfahrtsorten nicht fehlt, lässt sich denken. In St. Nikola wird auch das Salz aus den Schiffen, die von Salzburg herkommen, ausgeladen und auf der Achse zu den Schiffen auf der Donau übergeführt.

# GERICHT HALS

In Hals ist zwar eine ziemlich gute Schule, sie wird aber nicht häufig besucht. Andere Anstalten für Sicherheit und Gesundheit mangeln ganz. Auch in diesem kleinen Platze und engen Tal trifft man eine Wallfahrt an, wohin die Passauer und die umliegende Gegend 14 Tag lang strömen. Ein Graf von Hals zog mit Herzog Heinrich dem Löwen nach Palästina und kam mit Reliquien vom heiligen Achaz und andern Heiligen zurück, seit welcher Zeit diesen Überbleibseln Wunder zugeschrieben und vorzügliche Verehrung gezollt wird.

RENT-
AMT
STRAU
-BING

STRAUBING

# GERICHT BÄRNSTEIN

Dass öffentliche Anstalten ganz fehlen, lässt sich bei so bewandten Umständen von sich selbst denken. Bei Feuersbrünsten und andern Unglücksfällen sind die Einwohner von allen Rettungsmitteln entblößt und sich selbst überlassen. Weder Chirurg noch Hebamme trifft man an. Die Weiber gebären am Ofen, wo sie sich fest einhalten und so die Natur zu besiegen suchen. Sind diese Menschen nicht übler daran als das Vieh? – Wohl verlobt man sich meistens dem heiligen Oswald, dass die Geburten glücklich ablaufen mögen, allein seine Hilfe wirkt nicht viel, denn die meisten Weiber werden durch solche schreckliche Geburten verdorben, wie die Erfahrung allgemein bewährt. Das Religionswesen schränkt sich auf bloßen Aberglauben ein und die Beichte sieht man als ein Mittel an, die Sünden oder Verbrechen wie der Wirt die Zechen, wenn sie bezahlt sind, auszulöschen. Die Geschenke für die Kirchen und Messen nehmen jetzt, seit die Mönche verschwinden, sehr ab.[10] Für die Schulen ist noch nichts geschehen; bloß der rechtschaffene Pfarrer zu Grafenau hat mit Selbstaufopferung und möglichster

10 Als ich mich vor zwei Jahren zu Grafenau befand und eben in der sogenannten Armenseelen-Oktav anwesend war, wo sonst Messen nach Hunderten eingingen, kamen nur zwei solche Messen zum Vorschein. So ändern sich die Zeiten!

Anstrengung dafür gewirkt, und schon zeigen sich die wohltätigsten Folgen.

Die Gegend leidet viel durch Schneedruck, Reife, Feuersbrünste; in den Hofmarken fehlen auch andere missliche Verhältnisse, als Scharwerk etc., nicht. Für 12 bis 1800 Gulden lässt sich ein ganz artiges Gütchen in dieser Gegend kaufen, und die Heiratsgüter steigen von 100 bis 600 Gulden.

Die Bettelei kommt den Waldbewohnern hoch zu stehen; es strömen von allen Seiten herbei die Pfarrkaplane, Gerichtsdiener, Wasenmeister, 8 Partien, Bettelmönche, einzelne Einsiedler, Quacksalber etc.

In ältern Zeiten siedelten sich in dieser wüsten Gegend auch Mönche an. Die jetzige Probstei St. Oswald war ehehin das Kloster der Pauliner, das 1396 Johann Graf von Hals stiftete. Im Jahr 1431 verließen die Pauliner die Stiftung und hatten regulierte Chorherren zu Nachfolgern. 1567 übergab Herzog Albert diese Stiftung dem Kloster Niederaltaich, das daraus eine Probstei bildete. Die Zehende, viele Grundbarkeiten, Jurisdiktionen, die Pfarrei Grafenau etc. gehören zu dieser Stiftung, sodass die Benediktiner diese Gegend größtenteils beherrschen.

## GERICHT DIESSENSTEIN

Was bei dem Gerichte Bärnstein gesagt wurde, ist auch hier anwendbar. Ein Klausner hält Schule, man kann leicht denken, wie!!!

## GERICHT REGEN

Auch in diesem Gerichte mangeln alle öffentlichen Anstalten, selbst Schulen. Die Probstei Rünchna hat den Geist und den Beutel dieser Gegend in Händen. Sie besetzt die Pfarreien, und die meisten Untertanen sind dahin grundbar und müssen ihr scharwerken.

Rünchna führt den Namen von dem vorbeifließenden Bach. Ein gewisser Guntherus, ehemaliger Landgraf von Thüringen und Anverwandter Kaiser Heinrichs, begab sich 1006 in das Kloster Niederaltaich; zwei Jahre nachher 1008 ließ er sich mit meheren mitgenommenen Benediktiner-Ordensbrüdern in der Wildnis nieder, wo heutzutag Rünchna steht. Sie bauten sich hölzerne Hütten, rotteten nach und nach den Wald aus, und allmählich entstand daraus das reich bestiftete Kloster Rünchna, das nach einiger Zeit wieder an das Kloster Niederaltaich kam und von da aus mit einem Probste und mehrern Priestern besetzt wurde.

Die Kultur in diesem Gerichte macht ungewöhnliche Fortschritte; alle Gemeinheiten von Wald und

Weide werden abgeteilt und mit Leidenschaft kultiviert. Die Einwohner befinden sich aber auch, ungeachtet der mehrern Abgaben, etwas besser als die Bärnsteiner. Die Mitgifte steigen auf 200, 400 bis 600 Gulden und die Güter stehen von 600 bis 3000 Gulden im Werte.

Da hier weniger Wald ist, so hört man auch weniger von Unglücksfallen, als Schauer, Reife etc.

## GERICHT ZWIESEL

Die Schule im Markt Zwiesel ist gegenwärtig mit einem geschickten Schulmann besetzt. In einem desto kleinern Zustand war dieselbe ehehin, da der vormalige Schullehrer Schützenschreiber, Hochzeitlader und Bruderschaftsdiener war! Leider besucht noch kaum der dritte Teil der schulfähigen Kinder diese Schule, und die Einführung der neuen Schulmethode findet viel Hindernisse von Seite der Eltern, weil alles, was sie nicht wissen, zur Ketzerei führen muss. Das Zutrauen des Zwiesel'schen Landmanns zur Geistlichkeit ist fast grenzenlos; daher, wenn ein Vieh krank wird, geistliche Sachen als: geweihter Rauch, Tauf-, Dreikönigs- und Weihwasser, geweihte Zettel und Lukaszettel etc., ihre einzige Zuflucht sind. Die Schule zu Frauenau ist sehr schlecht und die zu Limberg eine Winkelschule.

An den abgesetzten Feiertagen ist das Volk nicht zur Arbeit zu vermögen. Die Furcht, eine Todsünde zu begehen, noch mehr aber die Behaglichkeit hält sie davon ab.

Im Markt Zwiesel befindet sich kein Doktor der Medizin, wohl aber ein Wundarzt für das ganze Gericht, der ein mittelmäßiges Subjekt und dabei in den Verrichtungen nachlässig ist.

Der Spital in Zwiesel ist nur für arme Dienstboten und Bürger des Marktes gestiftet. Die Kapitalien bestehen meistens aus Legaten, unter denen das Lucknerische Legat von 1000 fl. das größte ist. Der ganze Fond belauft sich auf 2500 fl.

Eine Armenanstalt ist seit kurzer Zeit erst vermittelst Konkurrenz in Zwiesel veranstaltet worden.

Der Bauer im Gerichte ist nicht vermöglich; die stärksten Heiratsgüter sind 4 bis 600, höchstens 1200 fl.; bei Kleingütlern 100 bis 200 fl. und bei Tagewerkern und Innleuten 25 bis 40 fl. Ausnahmen oder die sogenannten Leibtume werden bei Veränderungsfällen der Güter sehr drückend gemacht, und zwar so, dass das Haus dem jungen Gutsmaier, der meistens der letztgeborne der Söhne ist, dadurch sehr erschwert wird. Bedungene Naturalien ohne Gründe sind nichts Ungewöhnliches. Zum Glücke ist der kleine Zehend und der Schmalzdienst, wie in andern Waldgegenden, nicht eingeführt.

Feueranstalten trifft man auf dem Lande nirgends an, und die im Markte Zwiesel sind mittelmäßig. Ungeachtet hier Späne zur Beleuchtung gebraucht werden, gibt es doch selten Feuersbrünste. Auch die Schauer sind seltener, denn die Gewitter ziehen meistens den Waldungen nach und tun daher wenig Schaden.

Die herrschenden Prozesse beim kurfürstlichen Landegericht Zwiesel sind Weidenschaftstreitigkeiten, Streitigkeiten zwischen den Glashüttenmeistern und Holzrechtlern wegen Holzschlägen, dann Wasserleitungsstreitigkeiten und Injurienhändel. Einzelne Diebstähle und deren Untersuchung ist meistens das Malefiz. Die gewöhnlichen Strafen sind Polizeistrafen.

Mangel an Dienstboten ist hier nicht zu verspüren, da aus dem benachbarten Böhmen bei Aushebungen viele Bursche nach Baiern entlaufen und sich da verdingen oder handlöhnen.

Die nötigen Viktualien stehen gegen vorige Zeiten ziemlich hoch und die Bedürfnisse Salz und Eisen in drückendem Werte. So sind auch die Kleidungsartikel um die Hälfte im Preise gestiegen.

Das Flachssammeln oder Betteln der armen Leute ist noch gewöhnlich. Kapläne kollektieren auch noch Flachs, Garn und Korn.

Die Wege sind, die Landstraße ausgenommen, im elendesten Zustande und im Frühjahr und Spätjahr kaum befahrbar.

Bei den Leichenbegängnissen ist die Musik mit Waldhörnern üblich, sie sind des unnötigen Geprengs wegen sehr kostspielig, wovon folgendes Verzeichnis einen kleinen Beweis gibt:

Verzeichnis.

Weil Gott, der Allmächtige, das Schicksal getroffen, den viel ehr- und tugendreichen Herrn Wenzeslaus Wowohill, ansehnlicher Richter- und Hopfenhändler von Moisthen aus Böhmen, gottselig entschlafen und von der Welt abgefordert hat; so haben die samentlichen Schulkinder aus Lieb und Andacht mit ihrem andächtigen Gebet den friedliebenden und verehrungswürdigen Herrn überlassen und Gott dem Allmächtigen aufgeopfert wird.

Den 14ten Febr. 1802

| | | fl. | kr. |
|---|---|---|---|
| 130 Schulkinder, jedes zu 3 kr. | | 6 | 30 |
| dem Schullehrer und zugleich Bruderschaftsdiener durch viele Mühewaltung | | 2 | 24 |
| Zu Einschreibung bei der löblichen St. Sebastiani Bruderschaft in Zwiesel | | 2 | – |
| Zur Einsagung bei den Schneidern und Schuhmacherszünften, jede zu 1fl. 36 kr. | | 3 | 12 |
| Zur Einsagung bei den Wagnern | | 1 | 36 |
| Zur Einsagung bei den Webermeistern | | 2 | – |
| Wieder 17 Bruderschaften, jedem 4 Maß Bier samt 4 kr. Brot | | 4 | 32 |
| *id est* | *S.* | 22 | 14 |

# GERICHT VIECHTACH UND LINDEN

Die Schuldienste sind überall mit Nebendiensten verbunden, als Messners-, Korrigenten- oder Kantorsdiensten. Im Markt Viechtach muss daher der Schuldienst der vielen Nebendienste wegen, als: der Jahrtags-, Hochzeit-, besungenen und andern Leichen-, Bruderschafts-, Schauerämter und dergleichen, die vorzüglich zur besten Zeit vormittags fallen, fast ganz vernachlässigt werden. In andern Pfarreien fordern die Provisuren die Gegenwart des Schullehrers als Messner und heben bei solchem Vorfall für diesen Tag die Schule auf. Die Schullehrer, den zu Viechtach ausgenommen, sind sehr schlecht besoldet. Das Schulgeld beträgt von zahlfähigen Kindern das Quartal 15 kr., und von den schulfähigen Kindern geht kaum ⅛ in die Schule und diese nur während der Wintermonate. Die bereits bestehenden 14 Schulen sind um die Hälfte zu wenig. Die meisten Schullehrer haben gar kein Schullehrerstalent und sind fanatische Dümmlinge, die nicht einmal ordentlich lesen, noch schön orthografisch schreiben können, und doch sind sie alle durch höhere Approbation und Anempfehlung der Schule aufgedrungen worden, indem man leider! glaubte, dass das Subjekt gut genug auf das Land wäre. – Auch jetzt, wo wegen Schulverbesserungen so sehr in die Trompete gestoßen wird, geht es nicht besser, eher noch schlechter.

Seit dem letzten Kriege und den Durchmärschen der Kaiserlichen sind alle im Land gangbaren Münzen beim

Bauersmann anzutreffen, aber besonders Kaisergeld und Laubtaler. Unter den Handelsleuten gibt es auch wegen des Handels nach Böhmen Bancozettel, die aber in keinem Wert bei dem Bauer stehen und selbst bei dem Händler nur mit großem Verlust angenommen werden. Im Handel wünscht der Bauer mit Talern, besonders mit baierischen Talern mit dem Mutter Gottesbild, oder mit 24igern ausbezahlt zu werden. Gold nimmt er nicht gern an, und wenn er es nimmt, so lässt er es immer bei dem Wirt oder Pfarrer wägen.

Bei trocknen Früchten ist zwar das Münchner Scheffel vorgeschrieben, allein dem ungeachtet herrscht hier noch das Schaff zu 18 Münchner Metzen und das Maß zu 48 Köpfel. Bei flüssigen Körpern ist der Eimer 60 Maß. Das Ellenmaß ist das gewöhnliche bairische. Das Holzmaß ist bei dem geschwemmten Holz am Regen 6 ½ Schuh hoch. Die Klafter von dem Baum hält nur 5 ½ Schuh. Die Länge eines Fichtenscheites ist 3 ½ Schuh; das Buch- und Birkenholz aber nur 27 Zoll. Das Gewicht hat vielfältig 2 und 3 Loth weniger als das polizeilich bestimmte, das Pfund zu 32 Loth.

Die geistlichen Herrn werden hier wie Heilige geachtet und der Tross gut organisierter Betschwestern steht ganz unter ihrem Befehl. Alle Monate, ja oft alle Wochen zu beichten, ist gewöhnlich und die Ohrenbeichte zeigt sichtbar ihre Wirkungen. An abgeschafften Feiertagen wird von morgens 6 bis 10 und 11 Uhr eine Messe nach der andern gelesen, und so Gelegenheit gegeben, dass das Volk den ganzen Morgen in die Kirche laufen kann. Der Rosenkranz, das Skapulier, das Amulett, das

Weihwasser, die Wachs-, Palm- und Osterweihe etc. verehrt man als Heiligtümer. Frühjahr, Sommer und Herbst hindurch ist fast ein ununterbrochenes Wallfahrten. Gotteszell tat nie etwas für die Wissenschaften, sondern mästete sich auf Kosten der Schwärmerei.

Öffentliche und allgemeine Sicherheit herrscht durch das ganze Gericht trotz der nahen böhmischen Grenze und der Menge Schlupfwinkel, die Gebüsche, Wälder, Felsen und Schluchten darbieten. Außer einigen Bienen- und Leinwanddiebstählen hört man nichts, und diese begehen meistens Auswärtige. Würde in jede Hauptmannschaft 1 oder 2 Mann Soldaten auf Kordon gelegt, so würde sich die allgemeine Sicherheit und Ruhe ohne alle weitere Veranstaltung leicht erhalten.

Bader befinden sich 2 zu Viechtach, 1 zu Ruhmannsfelden, 1 zu Bodenmais, 1 zu Altnußberg; die Badgerechtigkeiten zu Kollnburg und Moosbach sind nicht besetzt, und zu Arnbruck, die höchst notwendig wäre, befindet sich gar keine. Eine Apotheke ist nicht vorhanden. Jeder Bader hat zur Not einige Apothekerwaren. Aderlassen, Schröpfen, Laxieren und Brechen ist die gewöhnliche Heilmethode; Rasieren und Zahnausreißen die Hauptbeschäftigung der Bader. Wider das Baden in öffentlichen Flüssen und Bächen eifern die geistlichen Herren (aber nicht aus Brown'schen Grundsätzen) sehr stark, und die warmen Bäder hat die übel verstandene christliche Moralpolizei längst außer Übung gebracht. Die nächsten Ärzte sind der zu Cham, Deggendorf und Straubing, sohin 6, 7 und 10 Stunden von Viechtach entfernt. Für die gebärenden Mütter sind bereits

2 gelernte und examinierte Hebammen vorhanden; dem ungeachtet treiben die alten Weiber noch ihr Wesen fort. Es mangelt an Weibspersonen, die lesen und schreiben können und den guten Willen haben, sich in die Lehre versenden und nachher als Hebammen gebrauchen zu lassen. Unglückliche Geburten sind daher nichts Seltenes. Ein geschickter Landphysikus, 6 geschickte Chirurgen und 8 Hebammen könnten dem Gericht viel nutzen.

Einige Hufschmiede, 2 Abdecker und 3 Bauern geben sich mit Viehkuren ab; sie wissen aber außer einigen Universal-Medizinen und einer Erfahrung, die sich auf höchstens drei Krankheitsarten erstreckt, nichts. Dies ist bei dem großen Viehstande kein geringes Übel und einige Viehärzte sind dem Gerichte höchst nötig.

Für die Armen wird hier mittelst freier Wohnung, Bargeld und Naturalien gesorgt.

Feueranstalten sind in den Dörfern nicht anzutreffen, sondern die ganze Nachbarschaft läuft bei Feuerausbruch zum Retten und Löschen zusammen. Zum Feuerassekuranzbeitritt hat voriges Jahr der kurfürstlichen Landgerichtsaktuar von Silberbauer drei Viertel der Untertanen des Gerichts durch rastlose Bemühung gebracht.

In militärischer Hinsicht ist diese Gegend, wie alle Gebirge, nur für den kleinen Krieg anwendbar. Dazu sowie um sich unbemerkt durch- oder abzuziehen, einzufallen oder zu überflügeln ist die Lage vortrefflich. Der Wald hat nicht nur allein für sich, sondern auch für ganz Baiern und Böhmen in politischer Hinsicht vorzügliche Anlagen. Seine hohe Lage und mehrere

Standpunkte, z. B. die Oberbocksberger und Zeller Höhe, von wo aus man die niedern Gebirge und Flächen bis Cham und die obere Pfalz übersehen kann; der Predigtstuhl am Engelmaier oder Edenwieser Wald, wo Straubing, Regensburg und die Gegend bis an die Berge von Landshut erscheint; die Breitenauer Höhe, wo man Straubing, Regensburg, Landshut, bis an die Tiroler und Salzburger Gebirge, Osterhofen und das Innviertel überschauen und durch gute Sehröhre genau unterscheiden kann; welche alle mit dem Hohen Bogen im Gericht Kötzting und mit dem höchsten Gebirge Arber im Gericht Viechtach in leichter Kommunikation stehen, sodass von denselben der größte Teil von Böhmen übersehen werden kann; – könnten bei zweckmäßig angebrachten Telegrafen, Signalen etc. dazu dienen, mit ganz Baiern und Böhmen zu korrespondieren und dadurch bei Kriegsangelegenheiten etc. von Wichtigkeit und großem Nutzen sein; besonders da die am Fuße des Waldgebirges fließende Donau, die von den innern Gebirgen von Regensburg an bis Vilshofen übersehen werden kann, bei Kriegsgefahren von Böhmen her wie vom flachen Landes Baierns eine wichtige Scheidewand zieht. Würde daher die österreichische Monarchie den baierischen Wald besitzen, so wäre in militärischer Hinsicht ganz Böhmen gedeckt, das jetzt beinahe offensteht. Die bairische Waldgegend ist nicht nur rücksichtlich seiner starken Bevölkerung und reichhaltigen wichtigen Produkte an Holz, Leinwand, Vieh, Glas, Mineralien etc., sondern auch wegen seiner Lage äußerst wichtig.

## GERICHT KÖTZTING

Auch hier forscht man vergebens nach öffentlichen Anstalten, Schulen usw. Erst seit einiger Zeit wurde zu Kötzting ein Medikus angestellt, der aber kaum zu leben hat. Die Menschen leben sich selbst überlassen sehr roh fort.

Das Kloster Roth hat hier auch eine Probstei und treibt sein Wesen wie das Kloster Niederaltaich zu Regen und Bärnstein. Pfaffensinn leuchtet daher überall hervor.

Die gewöhnlichen Unglücksfälle kommen vom Feuer, Schauer, Bärenfraß, Schneedruck usw.

Die Heiratsgüter sind etwas beträchtlicher, sie steigen von 500 fl. bis auf 2000 fl. Auch die Güter stehen sich von 2000 fl. bis 5000 fl.

Herr von Herder, Sohn des berühmten Herders, besitzt das Landgut Stachesried, hat in der Landwirtschaft schon vieles geleistet und durch sein Beispiel auf die Gegend gewirkt. So auch Baron von Bölderndorf und Arnschwang.

# GERICHT FURTH, ESCHLKAM UND NEUKIRCHEN

Die Bildungs- und Sicherheitsanstalten sind auch hier vernachlässigt; doch hat jetzt Furth eine ziemlich gute Schule. Wegen Abteilung der Waldungen und Gemeindegründe und aus mehrern Beschwerden gegen den Magistrat entstanden 1796 zu Furth auffallende Tumulte, sodass sich zwei kurfürstliche Kommissionen flüchten mussten. Da ich eben zu Kelheim ähnliche Auftritte glücklich geendigt hatte, so wurde ich dahin als Kommissär abgeschickt. Ich suchte nun das ganze Stadtwesen zu organisieren, und es gelang mir. Die magistratische Verwaltung wurde einfacher geordnet, die Schulden abbezahlt, für öffentliche Anstalten gesorgt und eine strenge Polizei hergestellt. In der Gegend befanden sich ehedem zwei Dörfer, die in Kriegeszeiten ihr Dasein verloren. Um wieder Ansiedelungen in dieser weiten öden Gegend zu bezwecken, wurden verschiedene Vorkehrungen bei Abteilung der öden Gründe getroffen, und nun stehen schon allda 22 Häuser und Güter, die meistens die topografische Tabelle ausfüllen. Jeder Bürger erhielt durch die öden Gründe ein neues Feld zur Kultur und Industrie, und neuer Wohlstand ging hervor. Jetzt trifft man hier keinen Bettler mehr an, sondern nur tätige, wohlhabende Menschen, da auch alle anderen Missbräuche, die vorzüglich die Gewerbstätigkeit bisher lähmten, gehoben wurden. Dem wilden Hirtenstand, der hier sein Wesen trieb, Saaten und Menschen verwilderte und zu Grunde richtete, wurde der Stab gebrochen; dafür prangen jetzt überall lachende Fluren.

In Rücksicht des Brauwesens, das von 88 Bürgern betrieben wurde, kam zur Sprache, dass es jedem Bürger oder nur einzelnen wenigen ins Künftige zugestanden werden sollte, die dann im Stande wären, ordentliche Bräuhäuser zu erbauen, während bisher mit dem Biersieden in einem Kommunbräuhause schändlich und der Gesundheit schädlich umgegangen wurde, da jeder Bürger seinen Sud zu Hause von seinen Anverwandten wie *en masse* auf einmal austrinken ließ, weil ihm Keller und Geschirre mangelten; dies verursachte immer Exzesse und das Publikum selbst war meistens ohne Bier. Auch in dieser Sache trat schon Ordnung ein; allein da ich den Schwager des geheimen Rats von Lippert durch Entziehung der Stadtrichterstelle beleidigte, so verleumdete man schändlich meine Kommissionshandlungen, verschrie meine Grundsätze als jakobinisch[11], und ich konnte nur mit aller Anstrengung, die Anordnungen, Verteilungen und mich der Inquisition entziehen. Das Brauwesen blieb in dem alten jämmerlichen Zustande und befindet sich noch jetzt in dieser Verwirrung!!!

Um der Kultur alle Fesseln zu zersprengen, entwarf ich auch den Plan, das dasige Forstregiewesen zu stürzen. Dafür stehen jetzt zwei Glasfabriken und eine

11 Zur nämlichen Zeit spielte Herr von Lippert die Großinquisitorsrolle in München!!

Papierfabrik da, die Bevölkerung ist vermehrt, das Feld der Industrie und Kultur erweitert.[12] Die Gründe stiegen dadurch außerordentlich, sodass wenn vorhin ein Tagwerk kaum 5 fl. kostete, es jetzt von so viel Hunderten im Wert steht.

## GERICHT CHAM

Schulen und andere öffentliche Anstalten mangeln auch in diesem Gericht. Der Vermögensstand und Güterwert verhält sich um ein Vierteil geringer als im Gericht Kötzting; gegen Stallwang an der Landstraße nach Straubing zu erhöhen sich etwas diese Verhältnisse. Hier trifft man eine Menge adeliger Gutsbesitzer und Landsassen an, die selbst den Pflug führen. Scharwerke und harte grundherrliche Verhältnisse drücken in dieser Gegend sehr auf den Landmann.

In Chammünster war ehehin ein Kloster für die Chorherren, das Kaiser Heinrich 1473 erbaute; jetzt ist aber davon nichts mehr als die große Kirche mit zwei massiven Türmen übrig.

---

**12** Das Ausführlichere sehe man in den *echten Ansichten der Waldungen und Forste* samt der Geschichte des Forstwesen von J. Hazzi, II. Heft, München bei Lentner 1805.

Schulen und andere öffentliche Anstalten mangeln hier ganz; Feiertage, Aberglaube, Andächtelei und Wallfahrten sind an der Tagesordnung. Schauer, Feuersbrünste, Viehseuchen, besonders in der unteren Moosgegend längs dem Donauufer sind nicht selten. Scharwerke, allzu große grundherrliche Abgaben und andere Neckereien bei den Hofmarken drücken die Untertanen sehr und hindern ihren Wohlstand, wozu auch die beständige Bettelei von Geistlichen und Weltlichen vieles beiträgt. Die Weidenschaften und herrschaftlichen Schaftriebe haben die Agrikultur in zu schwere Fesseln gelegt, als dass sie sich gehörig aufschwingen könnte. In der Gebirgsgegend gilt ein Gut 15 bis 1800 fl.; längs der Donau 4–6 bis 8000 fl. Im Innern steigen die Heiratsgüter nicht höher als auf 2 bis 400 fl., heraußen auf 2 bis 4000 fl. Die vielen Hofmarksherrschaften haben die Brauereien ganz in ihren Händen und tun übrigens nichts Wohltätiges für die Gegend in Rücksicht der Kultur und Industrie, im Gegenteil denken sie nur auf Vermehrung des Bierabsatzes, weswegen erst seit einiger Zeit zu Streichenröhren ein Mirakelbild und eine Wallfahrt entstehen musste. Wunderbilder gibt es überhaupt hier in Menge nämlich: zu Buchenberg, wo ein Herrgott allgemeiner Viehdoktor ist, zu Loh, Oberalteich, Frauenzell, Metten und Windberg; daher hört man auch nichts als von Verlobungen, Mirakeln, Ablässen uvm.

Kloster Oberalteich, sagt die Geschichte, wurde vom Herzog Utilo 731 zur Emporbringung des katholischen Glaubens als ein Benediktiner Kloster gestiftet, da vorher auf diesem Platze unter ehrwürdigen Eichen dem Gott Jupiter geopfert wurde. Die Grafen von Bogen vermehrten dieses Stift mit Gütern und Rechten nach und nach immer mehr, sodass es jetzt eine der prächtigsten Abteien ist, wo es sich 50 Benediktiner ziemlich wohl sein lassen. Auch Gäste finden hier gute Aufnahme, guten Tisch und vortreffliche Bewirtung nach neuem Geschmacke. Die beträchtliche Bibliothek hat besonders ältere wichtige Werke; auch zeichneten sich immer einzelne Klostergeistliche als Gelehrte aus. Scholliner, Gschall und andere sind bekannt sowie der Abt Beda Aschenbrenner, der schon vieles an der strengen Benediktinerregel geändert und auf allen Seiten ein wohltätiges Licht angesteckt hat. Die Kultur der Gegend bedarf ebenso wie die Geisteskultur einer Verbesserung. Es zeigen sich noch viel zu viel Sümpfe und öde Strecken; selbst die vielen Wiesen gegen Straubing zu sind vernachlässigt.

Kloster Windberg soll also entstanden sein. Zwei Fremdlinge, die Gebrüder Winith genannt, hielten sich in dieser wüsten Waldgegend als Einsiedler auf, bauten im Jahr 900 ein Kirchlein und gaben diesem Platz den Namen Winith. Im Jahr 1125 befand sich Albert, Graf von Bogen, sehr krank und in einer Nacht glaubte er diese zwei heiligen Klausner vor sich zu sehen, die ihm Gesundheit versprachen, wenn er sich ihrer

Kirche annähme. Albert wurde gesund und veränderte seine in dieser Gegend liegende Burg und Güter in das heutige Kloster Windberg für die Regel des heiligen Norbert. Jetzt sind 28 Mönche darin vorhanden, die sich in diesem schmutzigen schwärmerischen Kloster ebenso schmutzig und bigottisch herumtreiben und als wahre Obskuranten in unserm aufgeklärten Zeitalter erscheinen. Da bei ihnen jede Zurüstung und Aussicht zum Besserwerden mangelt, so kann nur schleunige Auflösung sie und die Gegend retten.

Kloster Frauenzell lässt die Geschichte auf folgende Weise entstehen: Im Jahr 1312 erschienen hier zuerst zwei Waldbrüder, Gottfried Pucher von Straubing und Albert Dunzling von Donaustauf, und führten in diesem Stauferwald, am Schopfloch genannt, ein nach damaligen Begriffen heiliges Einsiedlerleben. Graf Rezmarus von Stauf und Prenberg nahm sie in Schutz und schenkte ihnen Güter, woraus 1321 ein Kloster für Benediktiner entstand, welches, da die Kirche der Mutter Gottes gewidmet wurde, den Namen Frauen- oder Marienzell bekam. Zwölf Benediktiner bewohnen es gegenwärtig, die in allem mit den Bewohnern des Klosters Windberg übereinkommen.

Kloster Metten. Ein Römer namens Utto hielt sich in dieser Waldgegend neben dem Bach Metten als Einsiedler auf und wusste sich in der Gegend großen Ruf zu verschaffen, besonders da dem Wasser an seiner Zelle eine heilende Kraft zugeschrieben wurde. Karl der Große kam 792 aus einer Jagd in diese Zelle, wurde diesem Einsiedler gewogen und stiftete ihm am Platz seiner Hütte ein Kloster, zu dessen Abte Utto 801 feierlich zu Regensburg eingeweiht wurde. Gegenwärtig leben 30 Benediktiner da. Das Kloster ist wohl gut gebaut, aber alles hat ebenfalls ein schmutziges Aussehen und erinnert an die alte Zeit. Man sieht hier die Statue Karl des Großen und einen artigen Saal, sonst nichts Interessantes. Man lebt, schmaust, singt und betet, kramt Zeremonien und Wunder aus, erzieht in den Singknaben ähnliche Nachfolger und bekümmert sich sonst um nichts weiter. Die Politik des Stifters Karl des Großen hat seine Jünger nie ergriffen und sie haben ihm, wie es scheint, nie viele Ehre gemacht.

## GERICHT SCHWARZACH

Auch hier fehlen alle öffentlichen Anstalten. Es ist daher kein Wunder, dass kein Mensch lesen noch schreiben kann und die Bewohner fast den Wilden gleichen. Schon ihr halb nackter Anzug, da sie im Sommer meistens nur ein halbes Hemd und halbe Hosen zur ganzen Bedeckung tragen, spricht diese Wildheit und Vernachlässigung der Regierung aus. Bei physischen Gebrechen muss alles seine Zuflucht bloß zu Verlobungen nach Bogen, Deggendorf etc. nehmen, da die Kunst der vorhandnen Bader sich bloß auf das Aderlassen beschränkt.

Auf meiner Wanderung durch dieses Gericht begegnete ich einem solchen Bader. Wo kommt er her, guter Freund, rief ich ihn an. – Von diesem Bauernhofe, sagte er. – Hat er etwas gekauft? – Nein, ich bin der Bader und habe da zur Ader gelassen. – Trifft sich das oft? – In meiner Gey (Bezirk) lässt sich alles das Jahr zweimal zur Ader. Ich habe eben Vater, Mutter, den Hiesel (größern Sohn) und kleinen Michel (Knaben von 6 Jahren) die Ader geschlagen, und zwar immer bis jedem die Schüssel voll Blut wird. – Welche Barbarei!!!

Ein Klausner in der Gegend hält Schule. Eine Menge Bettler durchstreifen diese Gegend und nähren noch mehr dadurch den Aberglauben. Bald klopfen an die Türe des Landmanns die Franziskaner, Kapuziner, Minoriten, barfüßigen Karmeliter, Augustiner, Dominikaner, barmherzigen Brüder, die Weltpriester in der Gegend, die Jäger, die Abdecker und andere Landstreicher.

Der Wert der Güter und das Übrige verhält sich wie im Gericht Mitterfels.

## GERICHT DEGGENDORF

Auch hier forscht man vergebens nach einer Schule, selbst die in Deggendorf sind nur schlecht. Die medizinischen Anstalten bestehen darin, dass ein einziger Doktor zu Deggendorf ist; das übrige Land ist den gemeinen Badern und vorzüglich den Verlobungen oder Mirakeln überlassen. Das viele Betteln, der Bigottism und das Opfern benimmt den Einwohnern allen Wohlstand und alle Spekulation. Man hört nur von Heiratsgütern zu einigen hundert Gulden; ein Hof kostet nicht viel über tausend Gulden. Desto vermöglicher sind die Kirchen. Die kleine Kirche St. Ulrich besitzt allein ein Kapital von 40 000 Gulden. Die Probstei zu Deggendorf, die eine Herzogin Juditha im Jahr 900 stiftete, gehört jetzt zum Stift Niedermünster in Regensburg.

# GERICHT HENGERSBERG, WINZER UND HERRSCHAFT HILGARTSBERG

Weder Schule, noch sonst eine Gesundheits- oder Polizeianstalt ist hier vorhanden; man fragt sogar nach einer Hebamme vergebens; alles vegetiert im ursprünglich wilden Zustande fort. Bis zum höchsten Grad ist die Andächtelei gestiegen und außerordentliche Vorurteile sind im Schwunge.

Schneedruck, Reife, Schauer sind die Übel, die die Landwirtschaft drücken, und doch herrscht einiger Wohlstand. Ein halber Hof gilt 2000 bis 4000 Gulden und zur Hälfte stehen die Heiratsgüter. Auffallend schlechter sind die niederalteichischen Untertanen daran, weil sie vom Kloster zu hart mitgenommen werden.

Das Bemerkenswerteste in dieser Gegend ist das Kloster Niederalteich. Sein Name soll von einer alten Eiche herrühren, die vor alten Zeiten den Götzentempel vorstellte, welche aber Pirminius aus katholischem Religionseifer umhauen ließ, auf welchem Platz alsdann Utilo, Herzog in Baiern, ein Kloster für die Benediktiner stiftete, aus dem bald eine der reichsten Abteien wurde. Das Kloster hat von außen ein sehr imponierendes majestätisches Aussehen, sowie man aber auf den sumpfigen vernachlässigten Wegen sich demselben nähert, so verliert sich dieser Eindruck, da im Innern dieses weitwendigen massiven Gebäudes alles so düster und mönchisch anspricht. Weder die Bibliothek noch eine andere Sammlung ist mit dem Neuesten seiner Art versehen. In allen Stücken ist man noch weit zurück, ob sich gleich immer geschickte Männer hier aufhielten, z. B. ein Professor Hinger, Kandid Huber, Schuhbauer und andere. In diesem Kloster leben über 50 Mönche ein wahres Pflanzenleben fort, und man glaubt in ihrer Mitte in das Zeitalter vor einigen Jahrhunderten versetzt zu sein. Einige Äbte, besonders ein gewisser Ziegler, haben großen Aufwand und Schulden gemacht, die über 300 000 Gulden sich belaufen. Es werden hier 30 Singknaben unterhalten, aber wie? und unter welchen Auspizien?

Ein andrer solcher Wallfahrtsort ist Händlab, wohin man sich wegen jeder erhaltenen Wunde verloben kann.

## GERICHT NATTERNBERG

Auch hier fehlen alle öffentlichen Anstalten. Der glückliche Getreidbau bewirkt, dass die Einwohner einigen Wohlstand genießen. Man hört von 1000 bis 2000 fl. Heiratsgütern, und ein mittelmäßiges Gut kostet 3000 bis 6000 fl. Die leidenschaftlichen Prozesse herrschen hier zwischen den Untertanen und dem Grafen Preysing von Moos, sowohl der Scharwerke als anderer zu harter Lasten wegen. Dass hier noch so viel Moos und Weidplätze bestehen, daran ist der Graf von Preysing schuld. Zwar führt er für sich eine schöne Ökonomie; indes will er sein Jungvieh weit und breit auf die Weide schicken und erzwingen, dass seine Nachbarn die Gründe nicht kultivieren, sondern es zum Tummelplatz seines Viehes öde lassen. Daraus entstand schon seit mehrern Jahren ein sehr grimmiger Prozess, der einzig in seiner Art ist und den niemand begreifen kann, weil er so klar gegen evidente Gesetze und gegen die allgemein erwachte Kultur in Baiern anstößt.

## LANDGERICHT STRAUBING

Die Menschen sind sich auch hier noch selbst überlassen; sie hören nichts, als was ihnen der Pfarrer in oft unverständlichen Predigten vorsagt, und begaffen sinnlos die Kirchenzeremonien. Mit der Religion sind sie mehr der vielen Feiertage wegen, als wegen anderer Verhältnisse zufrieden. An den Feiertagen selbst geht es ans Schwelgen und Spielen.

Wenn eine Bäurin entbunden wird, hat der Mann das Recht, sechs Wochen lang Bier zu schenken, und dass es dabei lustig hergeht, versteht sich.

Weltliche und Geistliche betteln auch in diesem Bezirke herum und machen Ansprüche auf die vollen Säcke.

Wohl sind die Abgaben und Lasten und andere Bedrückungen der Untertanen groß, weil aber die Natur hier reichlich gibt, so ist ihr Zustand doch gut. Die Heiratsgüter laufen auf 2000 bis 6000 fl. und ein Hof kostet 10 bis 15 000 fl.

## GERICHT LEONSBERG

Diese verhalten sich ganz wie im Landgericht Straubing, mit dem es eine Administration hat.

# STADT STRAUBING

Von jeher trieben hier die Pfaffen ihr Wesen und fesselten den Verstand. Bigottism und Aberglaube sind daher sehr hervorstechende Charakterzüge der Einwohner, und es erscheinen überall die Aushängschilde dazu.

Johann Landgraf von Leuchtenberg stiftete 1349 das Kloster der Karmeliten, worin beständig 30 bis 40 Mönche dieses Ordens wohnen. Ihr Gebäude ist schön und groß, und sie spielten seither in Straubing die Hauptrolle. Sie schlichten alle Geschäfte nach ihrer Politik, sind in alle Familienverhältnisse verflochten, und weh dem, der sich nicht ihrem Szepter unterwirft. Ungeachtet sie selbst ein gutes Einkommen haben, lassen sie doch durch junge rüstige Mönche die ganze Gegend umher abbetteln. Diese Kollekteure empfehlen sich entweder durch ihre gute Physik oder sie sind als gewandte Lustig- oder Spaßmacher berühmt, und werden daher überall gut empfangen und beschenkt.

Zu Pfaffenmünster wurde schon 748 vom Kaiser Ludwig ein reiches Stift errichtet, das 1561 nach Straubing versetzt wurde, wovon nun mehrere Kanonici sehr gut leben.

Im Jahr 1614 stiftete Herzog Maximilian ein Kapuziner-Kloster. 1631 wurden die Jesuiten vom Kurfürst Maximilian fundiert. 1691 etablierten sich selbst die Ursulinerinnen und bauten sich eine Kirche und ein Kloster, in welchem seit der Zeit 29 Nonnen leben.

1702 wurde von Max Emanuel hier ein Franziskaner-Kloster errichtet. 1748 schlugen auch die Elisabethinerinnen hier einen Wohnsitz auf und beschäftigen sich mit der Krankenhilfe.

Merkwürdig ist hier die Kapelle der Agnes Bernauerin, Gemahlin Herzog Alberts, die von seinem Vater Herzog Ernst oder eigentlich durch das Urteil seines Gerichtes ertränkt wurde, weil sie nur eine Baderstochter war. Ein Leichenstein von rotem Marmor bedeckt ihre Gebeine; darauf ist die einfache Aufschrift zu lesen: *anno Domini MCCCCXXVI. XXX die octobris obiit.*

Nebst vielen Kirchen und Kapellen befinden sich hier 13 Bruderschaften und eine Menge dergleichen Dinge. Für die leidende Menschheit gab es viele reiche Institute, die aber, wie beinahe allenthalben, durch schlechte Administration sehr herabgekommen sind.

# GERICHT HAIDAU UND PFATTER

Dass auch hier wenige Polizeianstalten herrschen, versteht sich von selbst. Ganze Schwärme geistlicher und weltlicher Bettler durchziehen das Land und nähren Dummheit und Aberglauben. Auch die übrige Geistlichkeit, wie überhaupt die des Regensburger Kapitels, entspricht ihrem höhern Berufe am wenigsten. Für Schulen ist, außer einzelnen Anstalten zu Eglofsheim, Sünching und Pfatter, beinahe gar nichts getan. Daher ist die Wissenschaft des Lesens und Schreibens auch hier eine Seltenheit.

Die Löschrequisiten bei Feuersbrünsten mangeln, so auch alle Medizinalanstalten. Die Untertanen haben ungemein große Abgaben, besonders Getreidgilten an ihre Grundherrschaften, oft gegen hundert Scheffel Weizen. Was aber hier noch weit schlimmer ist, ist die unbeschränkte Scharwerk, wo oft einen Landmann die Hälfte oder ein Drittel des Jahrs trifft, alle Arbeit seiner Herrschaft zu verrichten und die seinige zu vernachlässigen. Unglaublich sind diese Missbräuche, die daher schon oft, besonders zu Köfering, Aufstände hervorbrachten und noch immer Prozesse seit Jahrhunderten nähren. Wann wird die Regierung diesem abhelfen?

Da dieses Terrain überhaupt schlecht bevölkert ist und zu große Güter bestehen, so bleibt doch noch ein Wohlstand für die Landleute übrig. Daher werden Heiratsgüter zu mehrern tausend Gulden gegeben, und ein

Gut kostet 8-, 10-, 12 bis 15 000 fl.. und noch mehr. Bei den Hochzeiten geht es insbesondere prächtig her. Alles kommt in Scharen herbeigeritten. Zwei Brautführer mit Schwertern, mit einer sogenannten Naschl oder Kränzljungfrau haben die Braut in der Mitte, und diese Naschl und nicht der Hochzeiter darf die erste Nacht bei der Braut schlafen. Acht bis zehn Tische, jeder zu 12 Personen sitzen voll und dreimal des Tages wird geschmaust. Die übrigen Zeremonien sind die nämlichen, die wir schon beschrieben haben. Eine ebenso besondere Gewohnheit herrscht bei Begräbnissen. Sowie die Leiche aus dem Hause getragen wird, erhebt sich ein jämmerlich Geschrei, ein Händeringen und Toben, als wenn alles zu Grund gegangen wäre. Ist aber das Begräbnis vorbei, so sieht man keine Träne, keine Traurigkeit, kurz nichts mehr, gleich als ob kein Todesfall sich ereignet hätte.

## LANDGERICHT STADT AM HOF

Es findet das Obengesagte statt. In diesem kleinen Bezirke befinden sich zwei Klöster, nämlich St. Mang – ein Wunder gab 1134 Anlass, dass man dem heiligen Abt Mang zu Ehren eine Kapelle erbaute, woraus Graf von Raining 1138 ein Kloster für die regulierten Chorherrn stiftete. Diese Priester lebten gleich andern, für sich aber in ewigem Zank, sodass das Kloster vor andern aufgehoben werden musste. Im Jahr 1650 entstand aus dem Zusammentrag mehrerer Guttäter ein Franziskanerkloster. Ehedem war auch das reiche Katharinenspital hier berühmt, das Konrad von Frontenhausen 1204 hier stiftete, und zwar aus dem Erbgut Frontenhausen, das er deswegen an Herzog Ludwig um 7000 Pfund Regensburger verkaufte.

## LANDGERICHT ABBACH

Die politischen Verhältnisse sind, wie gewöhnlich, vernachlässigt. Sonderbar ist es, dass hier die Klausner der ganzen Diözese Regensburg ihren Hauptsitz haben. Die Heiratsgüter reichen von 300 bis 500 fl. und die Gutsverkaufe von 3000 bis 5000 fl. Der Taglohn ist zwischen 30 und 40 kr.

Gesundheits- und Sicherheitsanstalten sind auch hier wie gewöhnlich ganz vernachlässigt. In Kelheim allein befindet sich ein Doktor und eine Apotheke. Über die Schulen waltet das nämliche Verhängnis; es ist also kein Wunder, dass man nur wenige findet, die lesen und schreiben können. Andachten und Aberglauben sind die Gängelbänder, an denen auch hier der Mensch durch die Priester herumgeführt wird.

Das Kloster Weltenburg soll das älteste Kloster in Baiern sein. Am Platze des Klosters befand sich vorher ein *castrum Valentia* und ein Tempel, der Minerva geweiht, welchen St. Rupertus in eine Kapelle umänderte. Aus den Waldbrüdern, die sich hier schon 575 aufhielten, entstand nach und nach durch eine Menge frommer Gaben ein Kloster der Benediktiner, dessen Bewohner den alten Waldbrudercharakter noch am Ende des 18ten Jahrhunderts nicht abgelegt haben. Faulheit und zu vieles Trinken befördert sie alle frühzeitig ins Grab. Die fast ganz marmorne Kirche ist sehenswert.

Priesening nächst Regensburg, ein weit reicheres und prächtigeres Benediktinerkloster, verdankt sein Dasein dem Kaiser Heinrich, welcher den Legenden nach im Traum von Gott zu dieser Stiftung berufen wurde und den Klosterbau und die übrige Anordnung vollendete. Es befindet sich hier wohl eine gute Bibliothek und einzelne etwas tätige Benediktiner; im Ganzen aber sind die Verdienste um die Wissenschaften unbedeutend.

Die Untertanen werden auch hier, vorzüglich von den Klöstern, mit Scharwerken und andern großen Grundforderungen sehr geplagt, und überhaupt sind sie nur in mittelmäßigen Verhältnissen. Die Heiratsgüter und Gutsverkäufer rechnen sich nur nach Hunderten; in Pullach und Schierling ausgenommen hört man von Tausenden, und zwar ein Hof 8 bis 12 000 fl., die Heiratsgüter zu 3 bis 4000 fl. Der Taglohn steht zwischen 30 und 40 kr.

## GERICHT RIEDENBURG

Da in andern Landgerichtern alle für die Menschheit wohltätigen Anstalten mangeln, wer sollte sie hier suchen? Die Untertanen leiden nebenbei durch zu große Abgaben an ihre Grundherrschaften, durch Scharwerken, Schneedruck und im Tale durch Überschwemmungen. Daher gibt es nur Heiratsgüter zu 50 bis 100 fl., und die Güter gelten einige hundert Gulden.

## GERICHT NEUSTADT

Die Anstalten für Gesundheit, Sicherheit und Bildung fehlen auch hier. Die armen Leute haben hier nur mit Übeln zu kämpfen, mit Reifen, Schauern, Viehseuchen, Schneedruck, Wildschaden und Räubereien. Hiervon trägt der große Forst die Schuld; wo so viel Holz, Jäger und Förster hausen, da wird die Menschheit und Kultur nicht berücksichtigt. Die Heiratsgüter sind natürlich sehr gering zu 90 bis 100 fl. und nach Verhältnis steht auch der Preis der Güter nur auf einige 100 fl. So muss man alles als vernachlässigt und arm annehmen, und man verlässt mit Unwillen diesen Bezirk[13].

## GERICHT ABENSBERG

Auch hier sucht man vergebens wohltätige Anstalten. Die Schulen, welche gewöhnlich ein Weber oder Schuster versieht, sind schlecht bestellt. Die Geistlichen, welche zur Regensburger Diözese gehören, nehmen sich um nichts als ihre Kirchenzeremonien, um strenge Einforderung ihrer Einkünfte, besonders des Zehends, und dann um die Karte an.

---

**13** Man sehe die Beschreibung der Stadt und des Gerichts Neustadt von Anton Baumgärtner, München 1783 bei Strobel.

Abensberg hat wohl einen Doktor, aber keine Apotheke, und die Bader sind bloße Bartscherer und Aderlasser. Dessen ungeachtet kurieren sie doch allenthalben in Konkurrenz mit Mönchen, alten Weibern und Schindern.

Bei Unglücksfällen verlobt man sich noch häufig, wozu eine Menge Wallfahrten und Kapellen in diesem Bezirk überall vorhanden sind.

Das Kloster Rohr stiftete auch ein Graf Babo Adelbert im Jahr 1132 für die regulierten Chorherren. Er gab ihnen dazu sein Schloss und seine Untertanen zu Rohr und nahm selbst den Habit an. Das Kloster ist prächtig gebaut und nur schade ist es, dass es nicht auf einer Anhöhe liegt und von so viel Teichen umgeben ist. Einige 20 Personen leben hier sehr gut und lustig. Den Wissenschaften wird hier nicht gehuldigt, wohl aber der Musik. Diese Klosterbewohner werden nicht alt. Die Ursachen sind wohl die jährlich zu gewissen Zeiten allgemeinen Aderlässe und Purganzen, wo sich jeder aus Gewohnheit zur Ader lässt und zuvor Medizin nimmt. Dabei ist denn allzeit ein Hauptschmaus angeordnet; sowie von Zeit zu Zeit große Gastmahle gehalten werden, wo man sich zu wohl sein lässt und darauf an Indigestionen leidet. Das Podagra ist in diesem Kloster, wie in den meisten, eine Hauptkrankheit. Wahrscheinlich sind geheime Laster und zu viel Zorn, worein diese Mönche unter sich über Kleinigkeiten geraten, schuld daran. Man unterhält da auch Singknaben, die dann von da weiter in die Seminarien geschickt werden.

Rohr ist ein ziemlich artiger und lustiger Flecken, den die geistlichen Herren fleißig besuchen. Besonders stehen sie mit dem weiblichen Geschlecht in sehr engen Verhältnissen. Die Beicht scheint so manche Liebesintrige zuerst vorzubereiten. Die Bürger liegen in einigen Prozessen mit dem Kloster, besonders wegen der Scharwerke. Die meisten und besten Gründe gehören natürlich dem Kloster und alles steht unter der Peitsche des Klosterrichters und Prälaten, was den Leuten gar nicht behagen will.

Gegen Laaberberg hin – eine Wallfahrt, der tägliche Spaziergang mehrerer Klostergeistlichen – ist die Gegend sehr romantisch, und da zu Laaberberg oft viel Volk zusammenkommt, so geht es auch immer sehr lustig da zu.

Paring war auch ein Kloster der regulierten Chorherren, das die drei Brüder Grafen von Raining, Rottenburg und Moosburg im Jahr 1141 stifteten. Während des Dreißigjährigen Kriegs stand es aber verlassen, und nach der Hand bekam es das Kloster Andechs als eine Probstei.

Die Untertanen dieses Gerichts sind überhaupt in mittelmäßigen Umständen, geben einige hundert Gulden Heiratsgüter, und ein Gut gilt 1000 bis 3000 fl. Der Taglohn ist 30 bis 40 kr.

# RENT-AMT LANDS-HUT

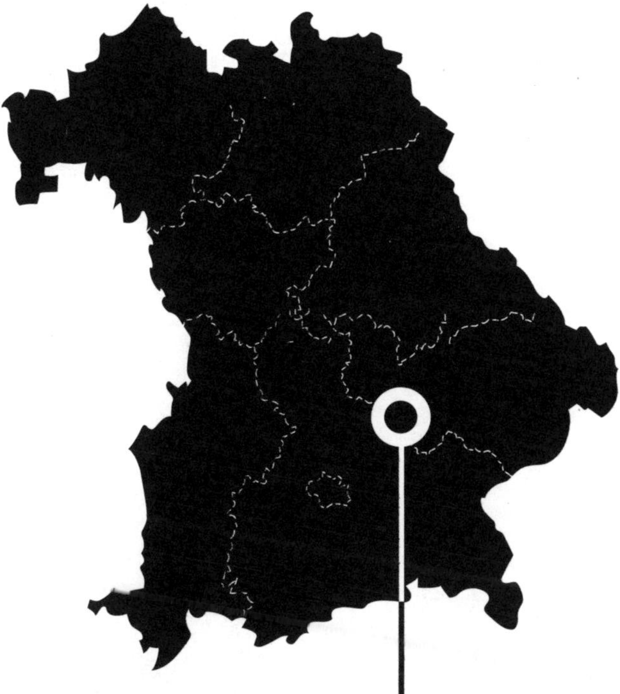

# LANDSHUT

## GERICHT ROTTENBURG

Dass auch hier alle öffentlichen Anstalten, Schulen, Ärzte etc. mangeln, versteht sich. – Die Pfarrer gehören auch hier unter die ungebildete Menschenklasse. – Spielen, Andächteleien und Geldwucher sind hier Hauptleidenschaften, ⅔ der sämtlichen Bewohner sind arm und elend und müssen sich von einem Tag auf den andern fortschleppen, daran tragen die vielen Abgaben an die Grundherrschaften, Scharwerke am meisten Schuld. – Die Güter und Heiratsgüter stehen auf Hunderte, und nur an den äußern Dörfern gegen Landshut zu, auf Tausende. – Ganze Scharen geistlicher und weltlicher Bettler durchziehen immer diese Gegend. – Schauer, Schneedruck, Wassergüsse und Überschwemmungen im Isartal, Feuersbrünste, Weidschäden, sind nebenbei gewöhnliche Plagen des Landmanns. – Der Taglohn halt sich zwischen 30 bis 40 kr.

## GERICHT MOOSBURG

Die öffentlichen Anstalten mangeln total – vielmehr zeichnete sich dieses Gericht von jeher, wie man sagte, durch ein großes Kriminal aus – der Beamte war immer ein Hochinquisitor. Da gab es Streifen, man hörte immer von Räuberbanden, und auch wahr ist es, dass von diesem armen, von der Regierung vernachlässigten Volke von jeher viele in die Hände der Henker oder Zuchthäuser kamen. – Die Kapuziner, Klausner, rohe Pfarrer haben die Nationalerziehung über sich, Schulen kennt man kaum und die Kinder werden zu früh zur harten Arbeit genötigt. In allen Anliegen nimmt man zu den Wallfahrten zu Damtenhausen, St. Alban etc. Zuflucht, opfert da nebst Geld den Gegenstand seiner Bitte, durch eine Wachsfigur ausgedrückt, z. B. wegen kranker Pferde ein wächsernes Pferd etc. Auch alle anderen Übel vereinigen sich hier.

Von Landshut aus, vom Schloss Bernkarg und andern werden große Jagden unterhalten, daher hört man viel über Wildschaden klagen.

Weder die Amper noch Isar ist an den Ufern gehörig beschränkt, daher gibt es viele Überschwemmungen, auch an den Hügeln viele Wassergüsse, die große Nachteile anrichten, auch Schauer, Viehseuchen, Feuersbrünste sind nicht selten. Endlich müssen die Untertanen wegen zu großen Hoffuß in jeder Hinsicht zu viel zahlen – auch die grundherrlichen Abgaben, dann

Scharwerke und andere Plagen der Hofmarken sind stark, sodass man, das Ampertal ausgenommen, wo die Güter und Heiratsgüter auf Tausenden stehen, alle übrigen Bewohner unter wahre Bettler zählen muss, und man presst ihnen zur Bestreitung ihrer Abgaben beinahe das Blut heraus. – Wären nur einige Wege hergerichtet, um wenigstens mit Holz nach Landshut zu kommen, so könnte sich diese Gegend in etwas helfen, aber so ist alles isoliert und verwahrlost, und die Menschen sind hier weit übler daran als das Vieh.

## GERICHT KIRCHBERG

Mit den öffentlichen Anstalten geht es hier wie im Gericht Rottenburg, alles ist sich wild selbst überlassen. Die Pfarrer gehören zur Regensburger Diözese, und das wäre genug, sie sind so roh wie die Bauern, vertreiben sich die Zeit durch Spielen und Andächteleien, sind wahre Asketen. – Auch hier kann man ¾ von Untertanen als arm annehmen, man gibt 100 bis 200 fl. zum Heiratsgut und ein Haus kostet 6 bis 800 fl. – in den Tälern der guten Böden kann man ebenso viele Tausende annehmen. Dass niemand lesen und schreiben kann, versteht sich von selbst. Dass keine Landpolizei herrscht, es überall von geistlichen und weltlichen Bettlern und Sammlern wimmelt, ist ebenso richtig. Schauer, Reife, Feuersbrünste, Wildschaden, Schneckenfraß sind nicht selten, ebenso drückend erscheinen auch so manche hofmärkische Verhältnisse mit Grunddiensten und Scharwerken. Das Kloster Mallersdorf ist sehr romantisch an den Berg im Laabertal hingestellt. Es ward von Henricus und Ernestus Grafen von Kirchberg 1109 gestiftet, und zwar dadurch, dass sie ihre Burg Madilhardisdorf samt den Besitzungen dazu hergaben, ehedem war auch ein Frauenstift vorhanden, meist für Adelige, das sich aber verlor. Man sucht Literatur oder andere Anstalten hier vergebens. Die Benediktiner leben für sich, unterhalten einige Singknaben und Musik, und kümmern sich übrigens bei guter Kost und Trank um die übrige Welt nicht.

Das ganze Gericht zählt übrigens noch 9 Schlösser, 8 herrschaftliche Bräuhäuser und 4 Klausen.

## GERICHT EGGMÜHL

Anstalten bestehen gar nicht, sonst alles wie im Gericht Kirchberg. In der Gegend auf einer Wallfahrt, am Hellring genannt, ist es gar auferbaulich zu sehen, wie die Menschen in allen ihren Gebrechlichkeiten zu einem heiligen Bilde ihre Zuflucht nehmen und dafür Fleisch opfern, da werden z. B. bei Augenkrankheiten oder Geschwüren die Augen und Geschwüre mit dem rohen Fleisch ausgeputzt und so geopfert – die Messner und Käufer essen dann wieder dies Fleisch!!!

Schulen und andere öffentliche Anstalten sucht man auch hier vergebens, nur zu Loiching findet man durch Unterstützung des Pfarrers eine gute Schule, daher ist das Lesen und Schreiben eine Seltenheit, und die Geistlichkeit gleicht derer im Gericht Rottenburg. Auch hier muss man den größten Teil der Einwohnerschaft als arme Leute betrachten, die nur von einem Tag auf den andern leben und, wie das Sprichwort geht, nur das Maul schlecht fortbringen. Die meiste Schuld tragen hierzu die zu großen Erschöpfungen großer grundherrlicher Abgaben und Scharwerken bei den Hofmarken. Wenn man alle die Scharwerke, Bürden und Beschwerden, die Menge der Prozesse darüber beschreiben würde, verlöre man sich in ein schreckliches Labyrinth.[14]

Die andern Übel sind einzelne Schauer, Überschwemmungen, Wassergüsse, Schneckenfraß, in der Gegend von Ergoldsbach besonders, Feuersbrünste, Wildschaden und das lästige Bettlerwesen. Man nimmt in derlei Umständen Zuflucht zu Wallfahrten, wobei besonders Poppau berühmt ist etc. Die Heiratsgüter stehen auf 50–100 fl.

---

**14** Anm. d. Hrsg.: Hazzis Konjunktiv ist trügerisch, denn in der Tat verliert er sich nun in das Labyrinth und rückt eine 28seitige Klage- und Bittschrift aus der Feder des Bauern Adam Unterholzer im Namen auch 19 anderer Untertanen von Loitterstorf und Markelkofen an den Durchlauchtigsten Kurfürsten betreffs Bürden ein; wir aber wollen seinem Konjunktiv folgen und die Unterholzer'sche Klageschrift übergehen.

und der Gutswert auch auf einige Hunderte. Niederviehbach, ein Frauenkloster, Orden St. Augustini wurde 1296 von Perengerius Graf zu Leonsberg gestiftet, der jene Hofmark dazu hergab. Diese Weiber treiben einen Handel mit gebranntem Wasser, das eine Universalmedizin vorstellt, und das Viebacherwasser heißt, die übrigen Verhältnisse gleichen denen anderer Frauenklöster.

## DINGOLFING UND REISBACH

Mit den Schulen, Gesundheits-, Sicherheitsanstalten geht es hier wie überall; wohl besteht ein Medikus zu Dingolfing, aber weit berühmter war noch vor Kurzem der Zahnarzt Arztenbärtl von Dingolfing, der sein Wesen im ganzen Lande, ganz nach alter Manier der Zahnärzte mit Beihilfe eines Hanswursten trieb!! Die sogenannte christliche Erziehung haben die Patres Franziskaner in Händen; die Weltpriester sind auch nicht viel besser und suchen sich bloß Geld zu machen. Feuersbrünste, Schauer sind nicht selten. Die Abgaben oder Einhöfungen besonders im Gericht und Kolberamt sind zu unverhältnismäßig groß; bei den Hofmarken gibt es auch drückende Scharwerke und andere fatale Verhältnisse; es fehlen Taglöhner, ehedem nahm sich jeder Bauer einen auf und ließ ihn heiraten, seit einiger Zeit wird aber von der Regierung dies Heiraten sehr erschweret und deswegen stehen nun 52 solche Tagwerkerhäuser leer. Wer heiraten lässt, muss die Familie erhalten; weiß denn die Regierung dafür keine andern Anstalten und Grundsätze!!!

Die Heiratsgüter stehen auf 2 bis 300 fl., im Vilstal zu 2 bis 400, in der Manninger Gegend 4 bis 600 und so nach Tausenden auch der Wert der Bauernhöfe; allgemein muss man auch bemerken, dass die Leute im Lande gewohnt sind, im sogenannten Austrage zu gehen: die im Austrage oder die alten Eltern haben dann nichts mehr zu tun, werden Faulenzer und Andächtler, sehen von den jungen Leuten vielen Undank, und da gibt es ewige Streitigkeiten. Die Gebundenheit der Güter, die zu katholische Religion mögen davon die Grundursachen sein.

Heinrich Seemann, ein Hofmarksbesitzer, hat aus seiner Besitzung 1260 ein Kloster für den Orden der schwarzen Augustiner geformt, die noch da hausen, mit andern das Gericht ausbetteln und einen Kram von Aberglauben dabei ausstreuen; so sammeln auch die Gerichtsdiener, Abdecker, Pfarrgesellen und andere im Gericht herum etc. Im Gericht bemerkt man auch 4 artige Schlösser, als Warth, Poxau, Mengkofen, Thürnthenning, 2 Klausner und 2 berühmte Wallfahrten, als zu Poxau und am Dreifaltigkeitsberg; in Poxau und Thürnthenning sind herrschaftliche Brauereien neben den Brauern, zu Dingolfing und Reisbach befindet sich ein sogenannter Landbrauer sowie auch zu Puchbach und Mamming; Griesbach hat ein sehr artiges Wirtshaus.

Nirgends eine ordentliche Schule, noch weniger eine Gesundheitsanstalt, Bader, Abdecker, alte Weiber treiben das Handwerk eines Arztes, die jüngsten Leute sterben daher unter solchen Händen dahin.

Auch die Priester sind roh und tun nichts, außer für sich und ihre Zeremonie sorgen, Schneider, Weber müssen die Stelle der Schullehrer und Messner zugleich versehen, dienen auch zugleich für die Pfarrer als ihre Aufwärter und Lustigmacher. Bei Krankheiten, Viehseuchen, Schauern oder andern harten Umständen wird sich verlobt und gewallfahrt, besonders zum heiligen Antonius am Weißenberg; man bringt in einem Geschirr Getreid zum Opfer und füllt es dann mit einer weißen Erde daselbst, die man dann dem Kranken oder Vieh eingibt; so haben auch die heiligen Hostien zu Deggendorf, St. Veit und St. Leonhard in Viehkrankheiten großen Zulauf etc. und vorzüglich die Franziskaner, die überhaupt Tausendkünstler sind und für alles oft sehr natürliche Hilfe und Trost wissen!!!

Gut ist, dass die vielen Feuersbrünste doch veranlassten, dass nun wenigstens bei jeder Obmannschaft (Gemeinde) eine hölzerne Feuerspritze sich befindet. Bei den Hofmarken bestehen wie gewöhnlich die misslichen Verhältnisse von Scharwerken, Laudemien etc.

Die Heiratsgüter stehen von 2–4 bis 6000 fl. im Gey, etwas weniger im Vilstal, und so viele Hunderten in den übrigen Gegenden; so gilt auch ein Hof im Gey 8–10 bis 12 000 fl. Sonderbar ist es, dass wenn jemand eine Summe von etlichen tausend Gulden zusammengebracht hat, er schon denkt, sich in die Ruh – im Austrag – zu begeben; auch hält man das Geld lieber unter dem Strohsack beisammen, als man es auf Zinse ausleiht; es besteht auch keine Sicherheit, kein Hypothekenbuch und schnelle Justiz dafür!! Dies bringt große Nachteile der Landwirtschaft und Industrie!! Übrigens hat dies Gericht 9 Schlösser, wovon die im Vilstal besonders artig sind.

# OSTERHOFEN

Auch hier mangeln alle öffentlichen Anstalten, selbst die Schulen; sogar die Schule zu Osterhofen blieb ein Jahr unbesetzt, weil sich über das Heiraten der Witwe ein Prozess erhob. Lesen und Schreiben kann daher hier beinahe niemand. Das Stift Osterhofen thront prächtig an der Anhöhe. Es ward 739 von Herzog Utilo für den Benediktinerorden gestiftet. Nachdem es die Hunnen zerstörten, ließ es Herzog Heinrich 1001 wieder erbauen und räumte es den regulierten Chorherren ein. Bald darauf schenkte es Kaiser Heinrich dem Hochstift Bamberg, und Otto, Bischof von Bamberg, übergab es 1138 den Prämonstratensen, die es bis 1783 besaßen, wo dieses Kloster aufgehoben und dem Damenstift eingeräumt wurde. Weder das vorige Kloster noch jetzige Damenstift brachte der Gegend einen Nutzen, es wird nicht einmal eine ordentliche Schule unterhalten.

Die Leute, besonders in Hofmarken, klagen über Scharwerke, Wildschäden etc., und es gibt hier immerwährende Prozesse, besonders mit Graf Preysing von Moos. In Übeln, worunter Viehfälle, Feuersbrünste, Schneedruck, Mausefraß die gewöhnlichen sind, wird sich auch hier auf allen Seiten verlobt, Kreuzgänge gehalten etc. An geistlichen und weltlichen Bettlern fehlt es ebenfalls nicht, da kommen Bettelmönche oder Priester, Schergen, Wasenmeister, Jäger,

Musikanten etc. Der gute Boden macht, dass meist ein Heiratsgut 1000 fl. und noch mehr beträgt, und ein Gut kostet 5 bis 10 000 fl.

## REICHENBERG UND PFARRKIRCHEN

Auch hier mangeln Schulen; Pfarrer Dienperle zu Pfarrkirchen tut aus Privatfleiß und Vermögen vieles für Schule in Pfarrkirchen. Ebenso schlecht geht es mit Gesundheit oder andern Gesundheitsanstalten; die sogenannten Bader treiben hier tolles Zeug – sie sind auch ohne mindesten Unterricht die Geburtshelfer und kommen nicht selten mit Zangen, Hacken und Stricken, um so die Kinder von den Müttern zu reißen. Derlei Historien gibt es täglich viele zum Schaudern der Menschheit. Die Priester sind auch hier so ungebildet wie ihre Nachbarn, und so sind sich die Menschen wie im rohen Zustande selbst überlassen, sie leben auch sonst kümmerlich. Ein Gut gilt nur zu 8 bis 1200 fl., und zu Ausstattungen hört man nur von Summen zu 2 bis 400 fl. Der Taglohn ist zwischen 30 bis 40 kr. Gewöhnliche Übel sind Schneedruck, Feuersbrünste, Schauer, und bei Hofmarken ohnehin die gewöhnlichen Missverhältnisse.

# EGGENFELDEN

Hier fehlen von selbst ordentliche Schulen. Das einzelne Leben der Bewohner macht ihre Einrichtung beschwerlicher, zudem gibt es aber ohnehin gar keine Fonds. Außer der Schule in Eggenfelden können die übrigen als Nullen gelten, so geht es auch mit Gesundheitsanstalten und andern. Bei den Hofmarken sind die Dienste vorzüglich drückend. Als Beispiel kann folgender *Leibrechtsbrief* dienen:

»Ich, Johann Gabriel, des Heiligen Römischen Reichs Frei- und edler Herr von Buchstetten, bekenne hiermit für mich, all meine reichsfreiherrlichen Erben und Nachkommen offen gegen jedermänniglich mit und in Kraft dieses Briefs, dass ich auf untertänig gehorsames und demütiges Bitten der Barbara Baumgärtnerin, ledigen Webers Tochter von Schernegg, und ihren zukünftigen Ehemann Jakob Pointner zu Forsthof, der Graf Seiboldsdorfischen Hofmark hinteren Anteils Seiboldsdorf gebürtig, auf deren beiden Leibs lebenslang, aber weder ferner noch länger um eine benannte Summe Gelds Leibsgeding gegeben, mit ihnen gemacht und nach solcher Gestaltsame wie folgt verliehen habe, nämlich an, in und auf die mir eigentümlich zugehörige sogenannte halbe Falltorbehausung[15] obern Anteils zu

15 Dies ist eine hölzerne Hütte, eher einem Bären als Menschen angemessen

Schernegg mit aller rechtlichem Zugehör, nichts davon besondert, noch ausgenommen, also und dergestalten, dass sie mir oder meinen reichsfreiherrlichen Erben führohin jährlich, und eines jeden Jahrs besonders allzeit zur gewöhnlichen Stiftzeit, wenn und wohin ihnen verkündet wird, in die Stift kommen, und zur rechten Herrengilt ohne alle Schaden, Abgang, es sei gleich Krieg, Brunst, Steuer, Pest oder andere Gebresten, wie immer Namen haben mögen, erlegen, reichen und dienen, statt der vorigen 1 fl. 26 kr. 3 pf. nunmehr 3 fl. gilt, Scharwerk die gewöhnlichen 4 Tage, dahingegen sollen die vorhin besitzende Leibe kassiert, null und nichtig sein, und mögen sie nur Leibgedinger dieser halben Falltorbehausung ihr Leibs lebenslang, wie leibgedingsweise es dem Landsgebrauch nach sich gebührt und recht ist, inhaben, nutzen, nießen und gebrauchen, aber jederzeit mit selbst eigenen Stücken besitzen, in allweg und vornehmlich aber sollen sie hiervon weder wenig noch viel verändern, verkommen oder verkaufen, werden in allen mein und der Meinigen Nutzen und Frommen befördeeren, den Schaden warnen, wenden und insgemein das leisten, was andere meine gehorsame Untertanen tun und vollziehen, beinebens alle vorhandene Baufälligkeiten, so anjetzt oder inskünftig erscheinen würden, auf ihre selbst eigenen Unkosten förderlich werden, führohin auch mir und meinen reichsfreiherrlichen Nachkommen oder Erben ohne Entgelt bei guter Wesenheit unabgeschleift erhalten und jedes Jahr 3 Pfund Haar

..................

– und doch kostet so ein Anwesen 3 bis 500 fl. etc.!!!

oder Werch nach Belieben der Herrschaft unentgeltlich, fleißig und sauber spinnen, dem sonst den Tag nebst der Kost er um 5 kr. und sie um 3 kr. Lohn auf jedmaliges Begehren arbeiten, auch wann es sich zutrüge, dass eine Dirne vom Schloss hinwegkommen und mangeln sollte, sie Leibgedingerin abwechslungsweis mit den übrigen hierortigen Weibern einsweil deren Stelle gegen Verreichung obigen Lohns zu versehen hätte, bis eine anständige Dirne wieder vorhanden ist, und wann die Jurisdiktion wieder hierherkommen sollte, müssen sie das gewöhnliche Gejaidgehen verrichten oder das bestimmte Geld verreichen, wie dann auch die alten Guglerischen Eheleute auf jedemaliges Begehren um 6 kr. täglichen Lohn und Kost zu Sommer- und Winterzeit Bauernarbeit zu verrichten schuldig, dahero sie sich niemals aus hiesiger Hofmark Schernegg hinwegzugehen, gehalten sein sollen, unter welchen wohl merklichen Bedingnissen und Klauseln ihnen alten Guglerischen Eheleuten die Veränderung und Übergab gnädig zugestanden worden, ferners haben sie neue Leibgedinger die Herrschaft in der Weberarbeit nicht nur sogleich zu befördern, sondern auch bedungenermaßen die Elle um 2 pf. wohlfeiler als für andere zu weben, und er Leibgedinger hat den Auftrag, die Fuß- und Grädlarbeit noch zu erlernen, um hierin die Herrschaft befriedigen zu können.

Sollte sich aber hierüber begeben, dass ernannte Leibgedinger von berührter halber Falltorbehausung weichen und ihren Nutzen anderwärts suchen wollten, sollen sie schuldig sein, solch ihr leibgedingsweis inhabiges halbe Falltorhäusl mir oder meinen reichsfreiherrlichen Erben zuvor und erstens anzufeilen, auch nach Landesgebrauch und Rechten um den nunmehr überlassenen Schätzungspreis folgen zu lassen, alsdenn und zum Fall wir solche nicht erkaufen wollten, mögen sie solche mit unserm Vorwissen allererst einem andern uns gefälligen verhandeln, jedoch mir und meinen reichsfreiherrlichen Erben an unserm Einstand, Ab- und Anleit, Heiratswillen, Todfall, Zustands, Antrags und dergleichen billigen Forderungen gänzlich unvorgriffen. Solange nun sie Leibgedinger dieses alles treulich leisten, sollen sie von ihrem Leibgeding unvertrieben sein. Da sie aber einen oder mehr Artikel freventlich übertreten oder sich eines Malefizverbrechens schuldig machen würden, sollen sie ihr Leibgeding ohne alle weitere Rechtfertigung zu deren Entsetzung gänzlichen verwercht haben, und wann aus beiden Leibgedingspersonen eines mit Tod abgeht, so ist mir oder meinen reichsfreiherrlichen Erben und Nachkommen alsobald selbes Leibgeding, auf beider Absterben aber die halbe Falltorbehausung mit Zugehör ohne männliche Einrede oder Irrung frei wiederum heimgefallen und zu Nutzen oder anderer meiner freien Disposition zuständig, und falls sich dabei ein Abschleif oder Ausstand an herrschaftlichen Forderungen befinden würde, sind des Abgestorbenen teils nächste Erben denselben, sowie allenfalls vorhandene Schulden von ihrer Verlassenschaft zu ersetzen schuldig. Endlich müssen sie Leibgedinger diesen Leibgedingsbrief der Herrschaft auf jedesmaliges Begehren Gehorsam produzieren und schlüsslichen ist dem neuen Leibgedinger Jakob Pointner gestattet worden, auf dem von dem alten Leibgedinger gebraucht und benutzten Brennholzplatz ein Schüpferl bis unter das vorschüssige Dach, doch nicht weiter heraus erbauen zu dürfen und auf dem angewiesenen Platz solchergestalt einen Abtritt zu errichten, dass er aus dem herrschaftlichen Stadel jederzeit so viel Strohe oder Streu abholen darf, als zur Einstreuung benötiget sein wird, dahingegen solcher Dünger von der herrschaftliche Ökonomiebesorgung von Zeit zu Zeit abgeholt und unentgeltlich hinweggeführt werden wird.

Urkundlich dessen etc.

Geschehen in meinem Schloss Schernegg, den 22sten August 1791.«

Ein Gut steht auf 3 bis 4000 fl. und die Heiratsgüter auf 8 bis 1200 fl.; sonst richten Schneedruck und Wassergüsse vielen Schaden an; der Lohn der Dienstboten ist zwischen 40 bis 50 fl. ohne Kleidung und andern, der Taglohn wird mit 30 bis 36 kr. bezahlt.

Auch für Erziehung, Gesundheit, Sicherheit mangeln alle Anstalten; das Einzige, was hier noch gut geschieht, ist, dass die Leute, die sonst die Winterabende beinahe ohne Beschäftigung sind, hier und auch im Gericht Eggenfelden viel Flachs und Wolle spinnen. Die Priester nähren bloß Andächtelei. St. Veit nächst Neumarkt stiftete der Graf Diltron von Leonburg oder Leonberg 1030 für die Regel St. Benedikti; es hat eine schöne Lage an der Anhöhe und sieht sehr gut aus, aber die Priester sorgten nur für ihren Körper und taten für die Gegend nichts. Dieses Kloster wurde dem Damenstift zu München bei seiner Errichtung gleich Osterhofen eingeräumt. Au liegt nahe in der Tiefe am Inn, hier sieht es etwas einsiedlerisch, düster aus. Edissina, nach der Legende eine königliche Prinzessin aus Britannien, kam in diese Wüste im 8ten oder 9ten Jahrhundert mit andern Gesellinnen, wie es heißt, und stiftete so ein Frauenkloster; in der Hauptsache scheint es aber ein Liebesroman des Grafen von Mögling, dessen Burg an dem nächsten Berg war, zu sein, weil dieser Graf von Mögling Theobardus die Kapelle und das Kloster auch erbaute. Das Frauenkloster verliert sich in der Geschichte, ohne zu wissen wie, und Kuno Graf von Mögling restaurierte im Anfang des 11ten Jahrhunderts diese Stiftung für die regulierten Chorherren, welcher Orden dieses Kloster noch innehat; auch hier darf man weder Gelehrsamkeit noch andere gute Anstalten suchen, es herrscht ein wahres Mönchsleben hier; freundlicher zeigt sich noch das Kloster Gars, welches ein gewisser Boso 764 für die regulierten Chorherren gründete; durch Herrichtung von Singknaben und Studenten geschieht doch etwas mehr für den Unterricht, auch findet man da bessere Bücher, mehr munteres Wesen, schöne Gärten.

Die meisten Untertanen gehören grundbar den Klöstern oder nach Mühldorf zum Erzstift Salzburg und haben große Getreidabgaben. Der gute Boden macht daher, dass am Isartal die Güter und Heiratsgüter auf Tausenden, im Übrigen aus Hunderten stehen. Das Schloss Zangberg sieht prächtig her im Isartal und führt eine sehr große Bräuerei, allein 40 Wirte holen da ihr Bedürfnis.

## VILSBIBURG

Mit den Schulen geht es noch schlecht, dagegen besteht für die Kranken und Armen eine schöne Anstalt, sie werden alle auf Unkosten aller Untertanen des Gerichts gleich einer einzigen Gemeinde versorgt und gegen Bezahlung an Privaten überlassen, und so jährlich eine allgemeine Abrechnung gepflogen, daher denn auch das Heiraten der Taglöhner keinen Anstand findet. Ebenso besteht seit 1750 eine allgemeine gute Feuerordnung für das ganze Landgericht, das sich wie eine Familie betrachtet und so zusammenwirkt. Von andern Übeln hört man auch nichts, wenn nicht die etwas besonders grundherrlichen Abgaben darunter gerechnet werden dürfen; der Wert der Güter steht von 2 bis 6000 fl. und die Heiraten zwischen 1 bis 2000 fl. Unterdessen hört man hier nichts von einem Ausstande, die Leute zahlen alle richtig und sind in allen pünktlich und ruhig, selten kommen sie zu Gericht, mehr zu Wallfahrten, als nach Mariahilf zu Vilsbiburg, zur heiligen Hostie nach Binabiburg, zur heiligen Stadt nach Gangkofen etc.

## GEISENHAUSEN

Wie im Gericht Vilsbiburg.

## ALT- UND NEUFRAUNHOFEN

Dass hier gar keine Anstalt zu suchen ist und alles nur auf Einnahme für die Herrschaft berechnet ist, versteht sich von selbst, sogar darf kein Untertan Getreid, Vieh etc. verkaufen, ohne es nicht zuerst der Herrschaft anzubieten, und wenn diese es um einen niedrigen Preis nicht will, darf weiter verkauft werden, und wie gesagt, die Kapuziner haben allein das weltliche und geistliche Heil in Händen.

## ERDING UND DORFEN

In der ersten Gegend gibt es gar keine Erziehungsanstalt, 2 Klausner halten Schule, aber welche! Auch die Priester tun nichts für die Bildung der Menschen, Andachten, eine Menge Feiertage, Kirchen, Haus und Feldkapellen, Kreuzgänge, Bruderschaften trifft man auf allen Seiten an, hingegen keine Gesundheits- oder andere öffentliche Anstalt.

Im 2ten und 3ten Distrikt sieht es beinahe nicht viel besser aus, doch hat Erding einen Doktor und eine sehr zweckmäßige Schule, dabei zeichnet sich der Priester Brenninger vorzüglich aus, ein sehr aufgeklärter und für die Gegend nützlicher Mann, er tut alles für die Schulen und hat nun außer Erding einen sehr schönen Schulgarten eingerichtet. Der Pfarrer von Frauenberg leistet ebenfalls sehr viel für die Schule, so auch der Pfarrer in Rieding und der Schullehrer in Thalheim. Die Kirche und Priester befinden sich in dieser Gegend in sehr guten Umständen und die vielen Kirchtürme bilden die Gegend sehr pittoresk. Es finden sich 5 sogenannte Bader hier, die mit den Totengräbern im Bund zu sein scheinen. Am allerschlechtesten geht es noch im Holzlande, wo alles verwahrlost und sich selbst überlassen ist.

In dem ersten Distrikt sind die grundherrlichen Abgaben sehr drückend, ein schlechter halber Hof muss 10–15 Scheffel Getreiddienst allein geben, bei den

Hofmarken bestehen auch die lästigen Scharwerke; ein Bauer gibt hier nur 2–400 fl. zur Aussteuer und ein Hof gilt nicht über 1200 fl. Bei Feuersbrünsten mangeln alle Löschanstalten und allgemein lästig für das ganze Gericht ist das Bettelwesen, da sammelt der Kaplan, der Jäger, Scherg, Bader, Messner, Klausner, Schmied, Abdecker, die Kapuziner, Franziskaner, Augustiner, barmherzige Brüder, Dominikaner, Karmeliter etc., dann die gesundesten Männer und Weiber mit einer Menge Kinder etc., da muss immer Geld, Weizen, Eier, Gerste, Hafer, Schmalz, Wolle, Haare, Kerzen, Stroh bereit sein.

Die größten Übel für diese und untere Gegend rühren aber daher, dass so viele Pferde gestohlen werden, man kann jede Woche ein gestohlnes Pferd rechnen, und doch konnte die schädliche Weide noch nicht deswegen abgekehrt werden!!! und ebenso häufig sind hier die Viehseuchen, wieder Folgen der Weide!!

Gegen Erding zu als Schwaig, Niederding etc. werden die Güter besser, hier hört man von 5 bis 1200 fl. Aussteuern, und ein Hof gilt 2–3000 fl., aber nebst obigen Übeln sind hier die Wildschäden fühlbarer, indem oft ganze Herden Hirsche über einen Acker kommen. Alle 3 Jahre kann man sicher eine Seuche rechnen, und da geht meist der ganze Viehstand zu Grund.

Im 2ten und 3ten Distrikt gilt beinahe ganz das obige, doch hört man hier von 60 bis 70 Schüssel Getreidgilten, ohne Zehend und andere Abgaben; die Aussteuern stehen auf 1000–2000 fl. und so auf Tausende der Wert der Güter. Mangel an Löschanstalten, viele Feuersbrünste, Viehdiebstähle, Viehseuchen, Wildschäden,

Schäden von dem wild umherlaufenden Weidenvieh Tag und Nacht, Scharwerke.

Im 4ten Distrikt kommt zu den vorigen Übeln noch Schneedruck, Regengüsse, das noch größere Bettler- und Betrüger-Gepäcke, da gar keine Polizeianstalt wie nirgends existiert.

Ebenso herrschen allgemeine Klagen gegen die Mühlen, wo man, sooft man mahlen lässt, sehr fühlbar betrogen wird, da auch keine Polizei, sondern nur Willkür herrscht; man sollte Hand- oder Windmühlen einführen. Die Heiratgüter und Güterverkäufe stehen beinahe etwas höher wie in den vorigen Distrikten, da mehr Sparsamkeit an der Tagesordnung ist.

# LANDSHUT

Es gibt Schulen und Anstalten aller Art, aber!! auch ein Gymnasium und Lyzeum, dann ein Kollegiatstift, 4 Pfarreien, 3 Manns- und 4 Frauenklöster, 18 Haupt-, Kloster- und Filialkirchen, dann 10 Kapellen. Das Kollegiatstift kam 1599 von Moosburg hierher.

Die Kapuziner hat Kurfürst Maximilian 1610 hierhergebracht und das Kloster gebaut. Auch die Jesuiten kamen bald darauf, und zwar 1629 durch Max den Ersten hierher und bauten sich durch seine Gnade und mehrere Beiträge ein großes schönes Kollegium. Das schönste Kloster haben die Dominikaner, die schon 1271 durch mehrere Beiträge unterstützt, sich hier ansiedelten. Die Dominikaner spielen in Landshut die Hauptrolle und wehe dem, der mit ihnen zerfällt! Hier existierte weiland auch das baierische Inquisitionstribunal, und sie tragen am meisten Schuld, dass die Bewohner von Landshut so äußerst roh und fanatisch sind.

Schon 1280 hat Herzog Heinrich die Franziskaner hierher berufen und ihnen ein Kloster gebaut.

Ebenso stiftete Herzog Georg 1482 den Franziskanerinnen ein Kloster.

1668 kam Isabella Gräfin von Wastern mit neun Gesellinnen, alle Engländerinnen, nach Landshut, und durch des Kurfürsten Ferdinand Maria Unterstützung entstand das Kloster der Urselinerinnen, das insoweit nützlich wirkte, als junge Mädchen doch einige Erziehung durch sie erlangten.

Das Frauenkloster Loretto, ebenfalls von Franziskanerinnen, stiftete Elisabeth Tumer von Krakberg, welche selbst den Habit annahm und zwar 1627.

Das Frauenkloster Seligenthal stiftete die Herzogin Ludomilla von Baiern 1232 für den Orden der Zisterzienserinnen. Die ersten Bewohnerinnen dazu kamen aus Polen.

Man sieht wohl, dass in Landshut ein wahres Pfaffenwesen herrscht, wo man hinblickt, spricht sich dieses aus. Dieser Aberglauben und dieses Pfaffenwesen hatte die Regierung (Justizgericht) so angesteckt, dass hier ein wahres Blutgericht existierte. Man hörte nur vom Hängen und Köpfen und lieferte ein unschuldiges Schlachtopfer nach dem andern. – Kein Mensch liebte daher den Aufenthalt in Landshut; man glaubte in Plutos Reich zu sein!

# GLOSSAR

AUSTRAG: auch *Ausgedinge, Altenteil.* Regelungen zur Versorgung der Alten, etwa durch Wohnrecht im Austragshaus.

BANCOZETTEL: Geldschein, frühe Form von Papiergeld.

BENEDIKTSREGEL: Vorschriften des Heiligen Benedikt von Nursia (5./6. Jh.) für das mönchische Leben und die Organisationsform des Klosters. Nicht nur die Benediktinermönche leben nach dieser Regel, sondern auch Zisterzienser, Trappisten und Kamaldulenser.

BERNHARDSREGEL: Ordensregel der Zisterzienser, bezogen auf den Ordensgründer Bernhard von Clairvaux (11./12. Jh.)

CHORHERR: → Kanonicus.

EINHÖFUNG: Klassifizierung der Ausdehnung von Bauerngütern, die nicht geteilt werden dürfen und immer Großbesitz einer Familie bleiben, sodass die Zahl der Güter und Familien konstant bleibt. Nach dieser Klassifizierung bzw. Einschätzung – nicht nach dem tatsächlichen Wert – bemessen sich auch Abgaben.

ENGELÄMTER: Messen, die während der Adventszeit zu Ehren Marias und der Verkündigung gefeiert werden.

FESEN: Dinkel.

FIDEIKOMMISS: unveräußerliches Eigentum einer Familie, das weitergegeben wird.

FUSSARBEIT: auch *Trittweberei*, Form der Handweberei.

GEFÄLLE: fälliger Zins und Betrag; vor allem eine Abgabe, die dem Ober für die Nutzung eines Gutes oder einer Sache vom Unter entrichtet werden muss.

GEJAIDGEHEN: auch *Fuchsklopfen*, ein → Scharwerk, das in der Unterstützung bei der Jagd besteht.

GEY: Gau, Bezirk.

Gilte, Gülte: Abgabe, Schuld, Zahlung ganz allgemein (Geld); vom Ober dem Unter auferlegte Tribut- oder Steuerzahlungen im Besonderen.

Grädlarbeit: evtl. ist die Webtechnik Grosgrain, die gerippte Stoffe ergibt, gemeint.

Häfen: irdenes Geschirr.

Hoffuss: regional schwankende Einheit zur Einteilung von Hof-Kategorien (ganzer Hof = Bauer, halber Hof = Huber, ein Achtelhof = Gütler, ein Zweiundvierzigstelhof = Leerhäusler, usw.), nach Größe (Tagwerk) bzw. Ertrag, als Grundlage der Steuererhebung.

Indigestion: Verdauungsstörung.

Kanonicus: Chorherr, Mitglied eines Dom- oder Stiftskapitels. *Canonici regulares* oder regulierte Chorherren folgen zumeist der Regel des Heiligen Augustinus von Hippo (4./5. Jh.); im Gegensatz zu den klösterlichen Mönchen, zumeist nach Benedikt, ist diese religiöse Gemeinschaft eher seelsorgerisch-weltzugewandt.

Klausner: Bewohner oder Pfleger einer Klause, d. h. Einsiedelei.

Kolber: feuchtes, sumpfiges Gebiet.

Kommenturei, Kommende: Begriff aus dem Kirchenrecht, der die Übertragung eines Kloster- oder Kirchenvermögens an Dritte bezeichnet oder sich auf die Güter von Ritterorden bezieht.

Kordon: wörtl. Schnur; Formation, um einen Ort oder eine Sache zu schützen (vgl. den heute noch gebräuchlichen Polizeikordon).

Korrigent: Korrektor.

Krauttag: Tag, an dem es Kraut zu essen gibt; teilweise ein traditionell bestimmter Wochentag, regional verschiedentlich.

Laudemium: Sonderabgabe bei Besitzwechsel.

Leerhäusler, Häusler: Besitzer eines Leerhauses, also eines Hauses, zu dem sonst kaum oder kein Grundstück gehört.

Lehen: Ein vom Ober dem Unter verliehener Besitz, der auf bestimmte Zeit und unter bestimmten Bedingungen verliehen wird, und auch wieder entzogen werden kann. Hazzi benutzt zuweilen den seltenen Plural »Lehne«.

Lukaszettel: Bildchen (teilweise essbar) mit Gebet zum Heiligen Lukas, des Schutzpatrons sowohl der Ärzte als auch der Kranken, sowohl der Metzger als auch des Viehs.

Mathesis: Mathematik.

Mortuarium: Abgabe, die beim Toten eines Unters an den Ober zu entrichten ist.

Nachrichter: Scharfrichter, Henker.

Nasch/ Kränzljungfrau: Brautjungfer.

Pferdzügel: Pferdezucht.

Physikat: das Amt eines Physikus, also eines Bezirksarztes (im Gegensatz zum *chirurgus*).

Podagra: Gicht.

Portiunkula-Ablass: a.k.a. Grande Perdono d'Assisi, ist eine Form des vollkommenen Ablasses, der am 1. und 2. August oder am darauffolgenden Sonntag in einer Kirche des Franziskanerordens vergeben wird.

Provisur: Versehgang, also Gang des Priesters zu dem Kranken, dem das Sterbesakrament nötig geworden ist.

Purganz: Abführmittel.

Riederschaft: kleine Siedlung zwischen Dorf und Einöde; von Ried, dem gerodeten, besiedelten Platz.

Sammlung: Kollekte, Almosensammlung.

Scharwerk: Abgabe, die der Unter dem Ober in Form unmittelbarer Arbeit zu leisten hat, Frondienst.

Scheuren: Scheune.

Schwaig: ein Hof, der auf Viehwirtschaft spezialisiert ist.

Simonfutter: Soweit ich sehen kann, ein *Hapax legomenon*, ein nur einmalig belegtes Wort Joseph von Hazzis; aus dem Kontext zu schließen, handelt es sich um eine in Naturalien bzw. Futtermittel zu entrichtende Abgabe.

Skapulier: ursprünglich der ärmellose Überwurf des Ordenshabits, dann aber auch ein kleines Amulett aus Stoff, das um den Hals getragen wird.

Verlobungen, verlobt: allgemein Gelöbnis, Versprechen, Schwur; bei Hazzi besonders in Bezug auf religiöse Riten, die man als Gegenleistung für gewährte Gnade zu unternehmen in Aussicht stellt.

Wasenmeister: Abdecker.

Winkelschule: kostenpflichtige Privatschule ohne staatliche Genehmigung oder Aufsicht (vgl. den heute noch gebräuchlichen Winkeladvokaten).

Zehnt, Zehend: Steuer bzw. Abgabe in Form von Geld oder Naturalien in Höhe der namensgebenden zehn Prozent.

Zuwage: Was zum in Rechnung gestellten Gewicht hinzugegeben wird, etwa Knochen zum Fleisch.

Eine wenige Einheiten:

Metzen: Getreidemaß, 37 Liter
Scheffel: Getreidemaß, 222 Liter
Mass: Hohlmaß, 1 Liter
Eimer: Hohlmaß, 68 Liter
Zoll: Längenmaß, 2,4 Zentimeter
Schuh: Längenmaß, 0,3 Meter
Elle: Längenmaß, 0,8 Meter
Klafter: Längenmaß, 1,8 Meter
Loth: Handelsgewicht, 17,5 Gramm
Pfund: Handelsgewicht, 560 Gramm
fl.: Gulden (= 60 Kreuzer) → kr.: Kreuzer (= 4 Pfennige) → pf.: Pfennig (= 2 Heller)

# ORTSREGISTER

Impressum


Frenzel, Jacobi, Krömer & Reinthaler GbR | Erlangen
www.homunculus-verlag.de

Druck und Bindung: STOGA Print & Paper, Poland
Schrift für Mengensatz: Garamond Pro
Umschlaggestaltung: Joseph Reinthaler
Satz: Laura Jacobi



ISBN 978-3-946120-19-3

GESCHICHTLICHE EN

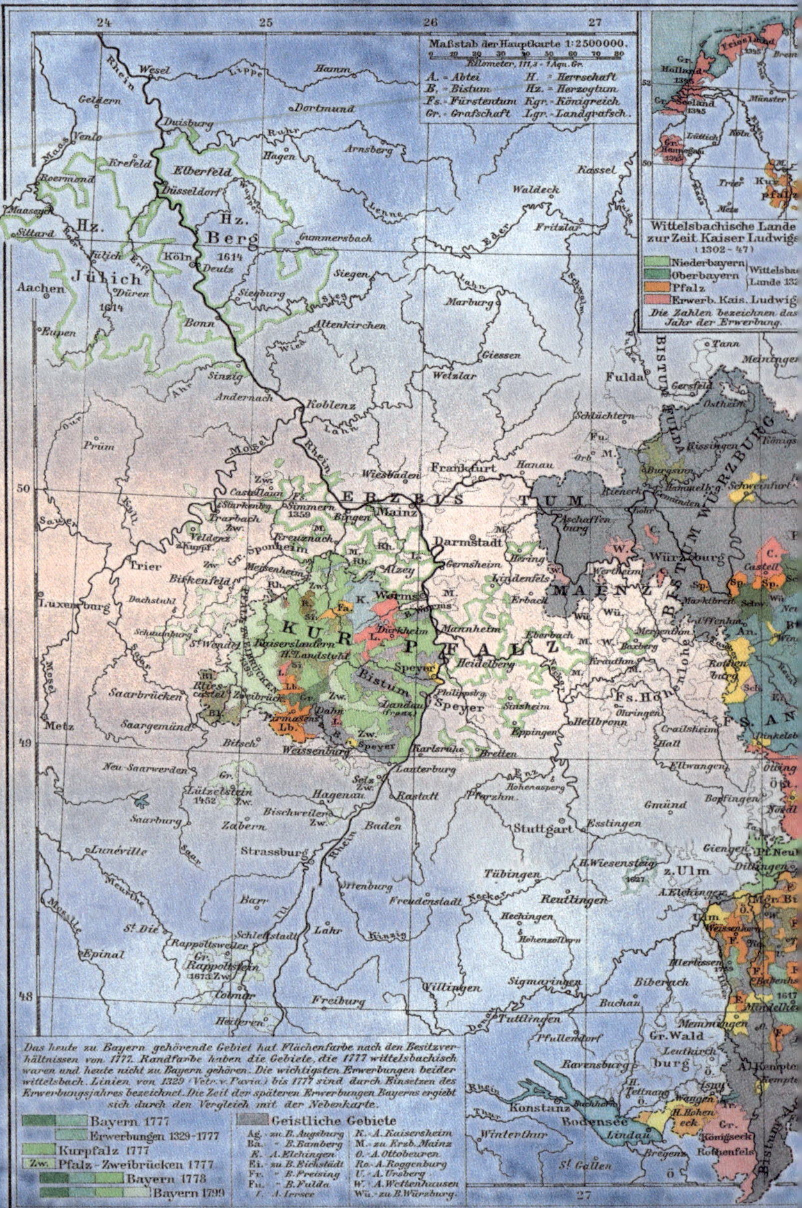